西周　現代語訳セレクション

菅原　光・相原耕作・島田英明　訳

慶應義塾大学出版会

はじめに

本書は、西周（一八二九―一八九七年）という思想家が著した哲学に関連する文章を、読みやすいかたちで読者に提供すべく現代語訳したものである。西周は、江戸時代末期から明治時代初期にかけて活躍した思想家であり、日本における「哲学の父」として、その名はよく知られている。しかし、「哲学の父」と呼ばれているということ以上のことはあまり知られておらず、同時代に活躍した福澤諭吉と比べるならば、知名度の差は歴然である。福澤の代表作である『学問のすゝめ』や『福翁自伝』、『文明論之概略』を読んだことがあるという読者は珍しくないだろうし、読んだことはないとしても、少なくとも書名は知っているという読者は多いだろう。西周の場合、福澤とは大きく異なり、代表作の書名だけは知っているという読者でさえ、数えるほどしかいないだろう。

しかし西は、日本近代史や近代日本思想に関心を持つ人たちにとって、名前のみならず、その生い立ちや思想内容までもが知られて然るべき思想家ではないかと思う。本書を通じ、多くの読者に、西周の思想に触れてもらうことができれば幸いである。

西周について

西周は、津和野藩（現在の島根県津和野町）の侍医、西時義の長男として一八二九年に生まれた。長州藩や松江藩にはさまれた小藩に過ぎない津和野藩ではあったが、名君として名高い亀井茲監（これみ）のもと、激動の時期において小藩にふさわしくない働きを果たしたと言われている。大国隆正、福羽美静（ふくばよししず／びせい）、森鷗外ら、有能な士を多数輩出するなど、藩校養老館を中心とした好学の気風があったようである。西もまた、四歳になると、祖父から『孝経』の手ほどきを受け始め、六歳で『四書』まで学び、十二歳のときに藩校養老館に入学して本格的に学問の道を進んでいったらしい。家業としての外科医を継ぐべきか、それとも、儒学者になりたいという思いを追求すべきかという青年期の葛藤については、本書所収の「徂徠学に対する志向を述べた文」に詳しく描かれている。

西は一八六二年、徳川政権公認の留学生として榎本武揚らとともにオランダに渡った。オランダ到着後は、同じく蕃書調所に所属する学者であった津田真道（まみち）とともに、ライデン大学のシモン・フィッセリング教授の下で五科目（自然法、国法、国際法、経済学、統計学）を中心にした個人指導を約二年間受けながら西洋の思想、学問を学んだ。

帰国後は、徳川慶喜のブレーンのような役割を果たし、徳川政権の存在を前提とした憲法構想（「議題草案」）を起草したりもしているし、フィッセリング教授から受けた講義の記録を和訳出版するなど、留学で得られた知見は、その後の日本に大きな影響を与えた。明治国家成立後は、日本最初の学術団体である明六社の結成に関わって活動するなど、学問、教育界をリードしたほか、官僚として実務の世界でも活躍した。

明六社では、その機関誌『明六雑誌』創刊号の巻頭論文（本書所収の「洋字を以て国語を書するの論」）の執筆を担当するなど、二十五本の論考を同誌に掲載している。福澤諭吉が三本、明六社結成の発起人となった森有礼でさえ十一本であり、二十五本という数字は津田真道の二十九本とともに突出している。まさに、中心人物として活躍していたと言えるだろう。日本ではじめて結成された学術結社とされる明六社のことを検証するうえでも、西の重要度は高い。

西は、「概念」「理性」「帰納」「演繹」「主観」「客観」「肯定」「否定」「総合」「分解」など、現代でも使われている重要な学術用語の翻訳語を数多く発明したことでも有名である。日本における「哲学の父」という呼称は、“philosophy” の翻訳語として、「哲学」という語を考案したことに基づいている（本書所収の「百一新論」解題参照）。このような、翻訳語の発明者としての西が我々に与え続けている影響は極めて大きなものであると言うことができる。それまでの日本にはなかった西洋由来の概念を日本に紹介する役割を担った西は、従来から日本に存在していた言葉をそのまま原語の翻訳語としてあてはめたり、まったく新たな語を発明してそれを翻訳語として使用したり、あるいは伝統的な用語を部分的に借用したりもしながら、西洋の原語に相当する新しい日本語を作り上げようと苦闘し続けた。そのことが、西洋思想を日本に紹介し根づかせるためには必要不可欠だと考え、実践したのである。その翻訳語が原語の意味をどこまで正確に伝えているかどうかといった適否自体については、別途、検討する必要があるだろう。しかし、我々は言葉なくして思考することはできないし、どれほどオリジナルなものだと自他ともに認める思考でさえ、思考する際に用いる言葉に拘束されざるを得ない。その意味において、数多くの翻訳語を発明した西は、現在に至ってもなお、我々の思考に影響を与え続けていると言えよう。

思想的立場としては、代表的な「啓蒙思想家」として評価されてきたが、彼自身は自らを「啓蒙思想家」と自認したことはない。むしろ、西が関心を持ったのは、啓蒙思想を前時代の思想として強く批判するなかで自らの思想を形成したJ・S・ミルであり、その“utilitarianism”であった。西は、一八七七年にミルの*Utilitarianism*を『利学』という名で漢文訳して出版しているほか、“utilitarianism”に基づいて構想された論考を執筆してもいる。本書に収録した「人世三宝説」である。

他方、西は兵部省、陸軍省に出仕する役人でもあり、軍事社会論と呼び得る論考をも著している。その後の軍国主義化の進行に大きな影響を与えた「軍人勅諭」の草稿を起草した張本人でもあったため、「軍国主義の創始者」というイメージで捉えられかねないという側面をも持っていた。しかし、西の軍事社会論は、「軍事」が社会全体にとってどういう意味を持つのかという深い問題意識に裏づけられたものであった。西の関心自体、そもそも「軍事社会」にあったわけではなく、彼は「平常社会」の原理、つまり戦闘組織ではない普通の社会組織にこそ関心を持っていた。西の軍事社会論は、平常社会を軍事社会から切り離すために、軍事社会独自のあるべき力学を描き出そうとするものであった。武器を有する軍人が自由に自らの思想を表明して行動するならば、武器を持たない平常社会の住民は、政治家も含めて萎縮せざるを得ない。だからこそ、軍人は権力とその命令のもとに統制されなければならない。天皇が軍を統率するとする「軍人勅諭」の発想は、まさにその意味で必要とされたものであった。しかし、天皇は軍を統御するものの、社会はそのように統御されるべきではない、と西は考える。だからこそ天皇は、行政権の長として軍を統率するものの、同時に、行政権の長として立法権、司法権による抑制を受ける。西は自ら起草した「憲法草案」においてそのような理解を示していた。「軍人勅諭」の起草者であるという事実は、必ずしも「軍国主義の創始者」であることを意味しない。

明治以降に西が著した論考は、西洋思想の学習に基づいた、まさに洋学者としてのものであった。しかし他方で、洋学者としての西の基礎は、若き日に学んだ儒教の知識や発想によって裏づけられているという側面もあった。同時代のほかの思想家と同様、西の学問のベースに儒教があったのは、時代的に当然のことである。とりわけ、西と荻生(おぎゅう)徂徠(そらい)との関係は常に注目されてきたが、徂徠学への関心を、朱子学から徂徠学への転向とか転回といった位相で理解する必要はない。むしろ徂徠学に触れることによってもたらされたのは、学問的関心の幅の広がりだったように思われる。徂徠学に触れて以降もなお、西は依然として朱子学にも理解を示していた部分があるし、かつては異端と目していた諸派の書にも手を伸ばすようになっていった。洋学への関心も、その流れのなかに位置づけて理解することができるように思う。そしてさらに、洋学への関心のあり方それ自体が、かつて学んだ儒教に、陰に陽に影響されていた側面があることは、本書を読んで感じ取っていただきたい。

西の生い立ちや人物像をさらに詳しく知りたい方は、島根県立大学西周研究会（編）『西周と日本の近代』（ぺりかん社、二〇〇五年）を、"utilitarianism" に基づいたその思想内容や、西が展開した軍事社会論の特徴や意味に関しては、拙著（菅原光）『西周の政治思想――規律・功利・信』（ぺりかん社、二〇〇九年）を、オランダ留学や蘭学学習が西の思想形成に与えた影響については、大久保健晴『近代日本の政治構想とオランダ』（東京大学出版会、二〇一〇年）などを参照してほしい。

本書出版の経緯

西周が著した文章のなかから哲学関係のものを限定して選び、それを現代語訳しようという本プロジェクトは、二〇一六年四月から二〇一八年八月まで島根県津和野町役場町長付職員であった石井雅巳氏の提案に端を発する。慶應義塾大学大学院文学研究科哲学・倫理学専攻でE・レヴィナスについての修士論文をまとめあげた石井氏は、総務省の「地域おこし協力隊」に応募して、西の出身地である津和野町で働くことになった前後、自身が一貫して哲学に関心を持って勉強してきたにもかかわらず、日本における「哲学の父」と称されてきた西周のことをあまり知らず、その著作を読んだこともない事実に気づいたという。海外では、どのようなテーマで学習するにせよ、母国の有名な哲学者のことを知らない哲学科の学生は想定しにくいのかもしれないが、日本では、それが往々にしてあり得る。日本の大学で、日本人である自分が哲学を勉強しているのに、「哲学」という言葉そのものの発明者である西周のことを知らないままでよかったのだろうか、母国の哲学に触れることがないままに、外国の哲学者の文献を読むばかりで、哲学を勉強したと称してよいのだろうか、そのような思いを抱くようになったという。石井氏はその後、西が著した文章を読み込むようになったのみならず、津和野町内のほか、都内各所でも読書会やシンポジウムを催すなどして、西周の思想を人々に知らしめる活動を展開している。

そのような経緯を聞いた私は、これは石井氏個人のエピソードにとどまらない問題を含んでいるうえに、私自身、もしくは日本研究者の問題でもあると感じざるを得なかった。石井氏自身の経験は、決して、日本の哲学研究者の怠惰とか偏向によるものとは言えない。明治期以降になって言語そのものが大きく変容した日本においては、それは宿命的なものでもあるからである。現代日本人にとって、日本の過去の文章を読むことは、かなり困難なはずである。江戸時代に記された学問書の多くは漢文で記されており、専門家以外にはまるで手が出せないのが普通だし、明治期に書かれた漢文訓読体の文章や候文でさえ、読みこなすことは容易ではない。さらには、文字面を追うことはできたとしても、儒教の教養がなければ、それを前提にして書かれている当時の文章を理解することはできない。通常のリテラシーを持った現代日本人が、西洋哲学を勉強しながら、そしてそのためにラテン語やギリシア語を習得するための努力をもしながら、それでいて日本の過去の文章にまで手を伸ばすというのは、現実には相当難しいことであろう。現代イギリス人が、十七世紀のイギリス人が書いた文章を読むのとは異なる条件が、そこには介在していると言える。石井氏自身の問題意識を私なりに引き受けるとするならば、日本研究に関わる者が、興味を持った読者が手軽に手を伸ばせるようなものとして過去の日本の文章をテキスト化してきたのかどうか、問題はそこにこそあると考えられた。

もちろん、その文字が何という文字であるかということすら判読しがたいような手書き文字をも解読して活字にし、詳細な注釈を付けるといった作業は継続的になされてきた。各思想家の全集や著作集、岩波書店の『日本思想大系』のような、優れた仕事である。決してこれまでの日本研究者が怠惰だったわけではない。しかし、全集や『日本思想大系』に掲載されている文章でさえ難解であることは否定できず、一般読者からすれば、それらの存在によって日本の思想、哲学に触れる機会が増すということにはならない。少なくとも現状は、そう理解せざるを得ない。たとえば、訳者らが担当しているゼミナールのテキストとして『日本思想大系』を指定するということは、なかなか考えにくい。「日本政治思想史」に関心を持って履修している学生たちでさえ、全集や『日本思想大系』の類の読者として想定することは難しいのである。彼らからすれば、詳細な注釈も、読みやすさにつながるものではなく、難解さを増大させるだけの呪文のようなものに感じられる。それを読めと言われるならば、注釈自体についての分かりやすい解説が欲しいと感じるだろう。かつての石井氏が、西周の著作に手を伸ばすことがなかったというのは、その意味では、当然のことだったように思う。

そのような会話を石井氏と交わすなかで、本書の企画が形をなしていき、慶應義塾大学出版会で出版を引き受けていただけることになった。以後は、当初の担当編集者であった飯田建氏、その後を引き継いだ奥田詠二氏とも相談しながら、本書を可能なかぎり読みやすいものにすべく検討していった。

上記のような経緯から、単なる著作集ではなくて現代語訳とするという方向性、哲学関係の論考に限定して、しかもハンディーな分量にとどめるという方針はおのずと固まった。大日本帝国憲法起草期に書かれた「憲法草案」や、徳川政権期に書かれた「議題草案」（日本で初めての近代的な憲法構想だったと言い得る）、「軍人勅諭」の草稿などなど、ぜひとも読者に読んでもらいたいと思う論考はほかにもあったが、政治、法学関係の論考を扱わないことにしたのは、そのためである。詳細な注釈はなるべく付さず、付したい注釈の趣旨を反映させた訳文を考案するという方向性も、訳者自身にはなお忸怩たる思いが残りはしたものの、早くに固まった。それでもなお、解釈が複数あり得る部分や、記されている文章のみからは確定的な読解をなし得ない部分は数多く残る。そのような部分に対しては、一度は詳細な注を付けてみたりもしたが、最終的にはそれらのほとんども削除した。原文と対照するならば、ニュアンスのズレや誤読に基づいた訳文になっている可能性がある部分は、訳者自身が気づいているもののほかにもあり得ることと思う。しかし、正確さを期したテキストを編むというところに企画の趣旨があるわけでもなく、読者に西周が著した哲学関係の著作、その思想に触れてもらいたいというのが出発点である。そういった確認のもとに、上記の方針が定まっていった。正確なテキストを編む企画として、新しい『西周全集』を編集するプロジェクトが同時進行で進んでいるという事情も、このような決断を後押しした部分がある。したがって、本書の訳文は、訳者が暫定的に決断した解釈に基づいたものに過ぎないが、少なくとも現代語訳に目を通すことのみによって、西の思想の大枠を理解できるよう意図して作成されている。できるだけ正確な訳出を心がけたことは当然である。「洋字を以て国語を書するの論」「復某氏書（某氏に復するの書）」は明治大学の相原耕作氏に担当してもらったほか、九州大学の島田英明氏には原稿のチェックをしてもらった。いくつかの難解箇所の読解については恵泉女学園大学名誉教授の澤井啓一氏からアドヴァイスをいただいた。もちろん、なお残る誤りについての最終的な責任は筆者にある。

西周の文章を原文でも読んでみたいと思った読者は、山室信一・中野目徹（校注）『明六雑誌（上・中・下）』（岩波文庫、一九九九年、二〇〇八年、二〇〇九年）のほか、大久保利謙（篇）『西周全集』（第一巻・第二巻、宗崇書房、一九六〇年、一九六二年）などに直接あたってほしい。

菅原　光

目次

凡例

一、本書の底本には、大久保利謙（篇）『西周全集』第一巻・第二巻、宗崇書房、一九六〇年、一九六二年を用いたが、「政治の教門とは」（「教門論」）を「政治と教門とは」に、「開きたる知」（「復某氏書」）を「開きたる知」に改めるなど、誤りが明らかな部分は原文に従って改めてある。

一、原文が漢字片かな交じり文で書かれているか、漢文で書かれているかに関わらず、読みやすい現代日本語に改めているが、対話形式で書かれている『百一新論』、書簡という体裁で記されている「某氏に復するの書」に関しては、その雰囲気を反映させるよう敬体にした。

一、現代語訳のみを読んで内容を把握してもらえるよう、訳者が理解した原文の内容を現代日本語で再表現するという方針で訳文を作成している部分もあり、必ずしもすべての訳文を厳密な逐語訳にはしていない。とりわけ、漢籍や西洋思想の知識、同時代の政治状況、論争状況などが前提となっているものの、西自身はそのことを明記していないという部分に関しては、典拠の内容を訳者の言葉で補足したうえで訳している場合がある。たとえば、『百一新論』にある「佛肸ガ中牟デ謀反ヲ企テタ時ナドデモ能ク知レタヿデゴザルガ」という部分は、『論語』陽貨篇に出てくる、中牟という町で謀反を企てた仏肸という人物からの招聘に応じようとしたエピソードでも明らかです」としたうえで、「謀反を疑われるような人物からの招聘に応じようとしたということは、それだけ実際に政治に関わることを欲していたということなのでしょう」というように、その内容を補足して訳してある。

一、出典を含めた訳文を作成することが困難な部分に対しては、原文の通りに表記しておき、注を付して語の出典についての説明を施している場合がある。たとえば、『百一新論』にある「孔子ニ衛ノ出公輒ヲ佐ケサシタナラバドウシテ治メルデゴザラウカ、唯名ヲ正スト云フ心得斗デハ行カヌ筈デゴザルガ」という部分は、「孔子が衛という国の出公輒の補佐をすることになったならば、どうやって治めたのでしょうかね。単に「名を正す」という心得ばかりでは、どうにもならないはずなのですがね」と訳したうえで、注を付し、出典である『論語』子路篇の内容を含めて「名を正す」ということの意味を説明してある。

一、比喩や一般名詞として使用されている語句のほか、内容理解に影響を与えないと思われる語の出典に関しては、いちいち提示していない。たとえば、「洋字を以て国語を書するの論」にある「敢テ力ヲ陳テ列ニ就カンヲ願フ所ナリ」という部分は、「陳力就列」という『論語』季氏篇を踏まえた表現だが、「この戦列に加わり、少しでもよいから力を尽くしたい」とだけ訳し、出典を明記していない。

一、当時の読者にとっては内容理解の助けになるものとして提示されている例示のなかには、現代の読者にとっては無意味だと思われるものもある。たとえば、『百一新論』において、儒教に反するさまざまな異端の説として、楊朱、墨翟、管仲の功利論、申不害・商鞅らの刑名論、蘇秦・張儀らの合従連衡論、神農流、騶衍流などが列記されている箇所などである。このような、内容理解に影響を与えない例示に関しては、敢えて訳さず省略している場合がある。

一、西による経書などからの引用は、記憶のみに基づいた不正確なものである場合がある。たとえば、『百一新論』にある「彼索隠怪行我之ヲセジト」という部分は、『中庸』における「素隠行怪後世有述焉吾弗為之矣」を踏まえた表現だが、「素」が「索」、「行怪」が「怪行」となっている。前者は、「素」は「索」の誤記であるとする朱子の説に従って改めたものと思われるが、後者は単純な引用ミスである。このように、引用が不正確な際には、「　」ではなく〈　〉で表記している場合がある。また、『百一新論』にある『史記』太史公自序を「恩少なし」ではなく「思少なし」とするような原文自体の誤りについては、とくに断りなしに直したうえで訳している場合がある。

第1章

徂徠学に対する志向を述べた文〔1〕

解題

原文は、無題の漢文。「徂徠学に対する志向を述べた文」というタイトルは、本文を収録した『西周全集』の編者である大久保利謙によるものであり、西自身が付したタイトルではないことに注意したい。本文の内容は、成人する直前の時期の西が、自己の学問的な遍歴を回想するという趣旨のものになっており、必ずしも「徂徠学に対する志向」のみを述べたものではないからである。確かに本文からは、朱子学に依拠して学んできた西が徂徠学にはじめて触れた際の衝撃は大きかったことがうかがわれる。しかし西は、徂徠学に触れる以前から、先秦諸家の書や、韓愈や柳宗元といった朱子学以前の文章にも触れていたし、「老荘に惑い、時に功利に溺れ」たことさえあったという。朱子学から徂徠学へという劇的な転換、あるいは、朱子学から徂徠学への転向とまで捉えるのは、大げさ過ぎる理解であろう。徂徠学に触れて以降の西も、決して朱子学を捨て去ったわけではなく、依然として朱子学に理解を示していた部分がある。徂徠学に触れることによってもたらされたのは、朱子学から徂徠学への転回ではなく、学問的関心の幅の広がりだったのではないだろうか。後に洋学に対する関心を持つようになっていくのも、その延長上に理解することができるように思うし、洋学者としての自意識が生じて以降の西の思想になお、徂徠学はもちろん朱子学の教養が陰に陽に顔をのぞかせるのもそのためである。

記されている内容の中心にあるのは、自らが進むべき道についての葛藤である。それはまず、家業を継いで医者となるか、それとも幼少期からの素志であった儒学者になる道を目指すかという、ある種の進路選択をめぐる葛藤として表れた。この葛藤は、自ら家業を継ぐことを決意することで一度は解消したものの、その後、自らは諦めた儒学者としての道を歩むよう君命があって狼狽することになった。しかも君命は、すでに西が関心を抱いていた徂徠学ではなく、あくまでも朱子学に依拠するよう求めるものであったことによって、さらなる葛藤を強いられることになった。また、そのような懊悩に苦しんでいたのとまったく同じ時期に、西は敬愛していた母親を急な病気で亡くしている。それは、母の死後三ヶ月間を茫然自失の状態で過ごしたと回想されるほどの悲痛な体験だったようである。

以上のように、十七〜二十歳頃の西は、精神的には極めて不安定な時期を過ごしていた。思想家として歩み始める直前の時期の、西の思い、学問上の遍歴がうかがえる資料である。

本論については、蓮沼啓介『西周における哲学の成立——近代日本における法哲学成立のためのエチュード』（有斐閣、一九八七年）、平石直昭「西周と徂徠学」（『北東アジア研究』第二九号）などの研究がある。

本文

私は若い頃から家庭の訓誨や多くの先生方の指導に遵(したが)って、聖賢の道がいかなるものであるかということを勉強してきた。かたくなに理想を求めるという性格ゆえ、むやみに古人を慕い、英傑に並ぼうと一生懸命になって勉強してきたのである。常に賢くあろうとして、分不相応に大言を吐くこともあった。この片田舎にあって、そんな私は周囲から受け入れられないことも多く、みなからの非難を招くこともあった。私のほうでもまた世務をいさぎよしとせず、周りとの社交を断って書物の世界に沈潜する時期もあった。もちろん、過去の英傑たちと比べれば、私自身の愚鈍さはいかんともすることができない。それでも、だからこそ一生懸命に学び、学ぶからこそさらに深く学問を好むようになっていった。私の青少年時代とは、そのようなものであった。

私の家は、代々医者を業としてきたため、私もまた医者になることが予定されていたと言える。そんな私が熱心に儒学を考究しようとしたのはおかしなことだったのかもしれない。しかし当時の私は、医者の業など小技に過ぎず〔2〕、志を持つ者がなすべき事業ではないと感じていた。だからこそ、儒学を学びたいと思ったのである。とはいえ、医者の家に生まれた私が儒者になるのは容易なことではないし、自分自身の能力を考えてみても、儒学者として大成し得る資質があるという確信があるわけもなかった。小技であるとはいっても医学は決して無益なものではないし、そしてそれこそが西家の家業だったのだから、やはり私は医者になるよう天命が定まっているのだと考えるのも普通のことであった。それなのにどうして、自らの能力不足を顧みず、困難な儒者の道を選ぶ必要があるだろうか、そんな懊悩を抱え続けていたのである。そこで私は、小技に過ぎない医の道のなかにも、見るべきものがあるはずだと思い直すようにし、いまからおよそ二年前、十八の歳に、医者になろうと決意を固めたのである。この決断には、西家は外科医の家であったことも影響している。儒学にしろ、内科医にしろ、その道は広く多方面にわたり、関係書籍の数も膨大で、私のような才知のない者に極め尽くせるものではない。他方、外科医は小技である医業のなかでもとくに小技であり、ほとんど賤技といってよい位置づけを与えられていた。それゆえ、英雄豪傑たちはこの分野に取り組むことがなかったのではないだろうか。小技である外科医という分野であれば、私のごとき者でも、なにがしかのことを成し遂げられるのではないか。私は奮い立ち、漢方医学と蘭方医学との両者にわたる古今の知識をすべて修め、外科医界の第一人者になろうと目標を定めた。このようにして、私は生涯の行くべき道を決断した。片田舎のことゆえ、その筋の師匠になるような人もいなければ書籍もなく、どうやってこの道を極めたらよいのか皆目見当がつかないという困難もあったが、幸いに二、三の朋友を得て、互いに切磋琢磨し合うことで外科医学のおおよそを学ぶことができた。かくして、医者となる志はいよいよ堅くなり、喜んで勉強を続けたのである。

しかし、二十歳になり、そうやって医者として歩むべき道が見えてきた頃、弘化五（一八四八）年の二月一日、後述するように、急に君命が降った。医者をやめ、儒者になれという特命であった。私は、これまでに立てていた生涯の計画を一度に廃さざるを得なくなった。そのときの私は、狼狽恍惚、茫然として何をすればよいのかまるで分からなくなってしまった。

母が急逝したのは、まさにそんな折、特命が降りた日から、わずか九日後のことであった。私の家は貧乏で生活は甚だ苦しかった。そんななか、母は父を支えて私たち兄弟四人を育て、私たちにはおいしい食事を用意する一方で自分は粗衣をまとい、一日の安堵もなく献身的であり続けた。到底やりくりできないはずの家計をどうにかこうにか経営しながら、一度たりとも辛いとか苦しいとか言うことはなかった。ああ、母は、どれほど私たちに尽くし続け、働き続けてくれたことだろうか。しかし、当時の傲慢な私は、愚かにも母を省みなかった。ただ漠然と、いつの日か志を遂げたら、多年の労苦に対して恩返しすればよいなどと考えていたのである。その母が若くして急逝するとはなんという無常だろうか。病になったことが分かってから、本当にあっという間に、忽然と亡くなってしまったのである。私は結局、十分に看病し孝行を尽くすことさえできなかった。なんと親不孝な息子だったのだろうと私は悶え苦しみ、父がなくほかに跡継ぎがいるのであれば、母の後を追って死にたいとさえ思った。古い言葉に、「孝も及ばざること有り、悌も時ならざること有り」とある。親が亡くなってしまえば孝を尽くすこともできないのだからという教訓であるが、まさにそのとおりであった。母の死後、春の日の三ヶ月は恍惚として、夢のように、幻のように過ぎ去っていった。

先にも述べたように、私は早くから学問に対する大きな志を抱いていたが、家が貧しかったので学問の道を諦め、外科医として身を立てることにせざるを得なかった。そこに藩からの特命が降ったのである。再び学者としての道を歩むことになった私は、遊学して四方の賢者を訪ね、教えを請おうとも考えた。母が病死してしまったのは、そんなときのことであった。家から太陽が失われたように感じられた。それだけではなく、父はそのとき藩主に従い江戸へ向かう仕事があった。私が四方の賢者を訪ねるべく遊学したならば、兄弟のことなど、家の世話をする者がいなくなってしまうことになる。まるで困難が一度にやってきたような感じで、もはや遊学はかなわないだろうと考えた。私はいつも、たとえ貧乏であっても、両親が健在で多くの兄弟たちに囲まれてさえいたら、それにまさる幸せはないと思っていたのだが、この年の私は、まさにその幸せさえも失ってしまったのである。しかし、もはやどうすることもできない。願わくは、これから勉学に励んで死力を尽くし、家族手を取り合って、父を支え兄弟を養い、泉下の母を慰め、さらには君恩に報いたいと思うばかりである。主君は、私の学問への思いを知ってくれていたのだろう。だからこその特命だったのだろう。「士は己を知る者のために死す」という言葉がある。まさに私のことではないだろうか。もちろん、それが成就する確信などあるわけもないのだが、私はそれに向けて努力するしかない、と決意したのであった。

我が津和野藩では、山崎闇斎（やまざきあんさい）先生の学風につらなる山口剛斎先生が藩校の教授となって朱子学を講じて以来、いまに至るまで朱子学を重視してきた。私の祖父である専斎先生(西時雍〈ときやす〉)もかつてその教えを受けた高弟であり、私は幼いときからその薫陶を受けてきた。少し長じてからは、剛斎先生の孫である慎斎先生に学んだ。そんな経緯があったため、当時の私は、朱子学は孔孟の正統を継いでおり、何一つ不足するところがないと思っていた。そこで、『二程全書』『正蒙』『語録』『語類』『文集』といった朱子学関連の書籍に沈潜し、声に出して何度も何度も読んだ。居敬惺々といった朱子学の修養法も日々行い、いまにして思えばその姿はあたかも禅僧が座禅を組んで瞑想にふけっているようなものだった。朱子学の教えは完璧であり、さらに加えるべきものなど何一つないと考え、朱子学に異を唱えた伊藤仁斎や荻生徂徠などのことは仇讐のようにみなし、見向きもしなかった。

十六、七歳の頃には、中国の代表的な歴史書である『春秋左氏伝』『国語』『史記』『漢書』のほか、先秦諸家の書もほぼ読み終えていたが、それらが朱子学とかなり異なっていることには気がついていた。しかし、それら古人の議論は朱子学と比べれば大まかで平易なものに過ぎず、孔子や孟子でさえ程子や朱子には及ばないように考えていた。それほど、朱子学を信じていたのである。

十八歳のとき、私はちょっとした病気にかかり、数日間寝込むことになった。病床で暇を持て余しているとはいえ、四書五経のような古典や朱子学関連の書物を寝ながら読むのは不敬だと思い、たまたま家にあった荻生徂徠の『論語徴』を手にとってみた。異端の書だから、寝ながら読んでも構わないと考えたのである。しかし、驚いたことに、この本は実に難解で、読むのに苦労を強いられた。これはと思って真剣に向かい合い、幾度も読み返すことで、ようやく文章の意味が取れるようになってきた。すると、そこには大いに味わうべきものがあると感じられた。ここに至ってはじめて、程子や朱子以外の諸家も、そのすべてが間違いだというわけではなく、逆に程子や朱子の議論もまた、そのすべてを信じるべきものではないということに気づいた。

『論語徴』を読んで荻生徂徠という思想家に関心を抱いた私は、その後『徂徠集』にも手を伸ばしてみた。すると、まだ半ばも読み進めないうちに、まるで十七年間の夢から一時に覚めたように感じた。朱子学とそれ以前の漢学との間には大きな溝があり、私の身はこれまで菩薩の像を乗せる蓮の花をかたどった座上にあったのだと思い知った。つまり、朱子学が理想とする天理を求めて人欲を克服しようとしていたかつての自分は、人間の欲望を否定的に見る仏教のような視点に立っていたようなものではないかと感じたのである。他方の朱子学以前の儒教は、欲望をも含め、人間世界のありさまをありのままに描いている部分がある。朱子学とそれ以前の儒教との世界観の違いは、まるで浄土と娑婆との違いがあると言えるほどのものではなかったか。『徂徠集』を読んだ私は、高遠な道徳、論理的峻厳さを求めることは、平易で大らかな態度で学問に臨むことに及ばないということ、空理は日用に無益であり礼楽こそを貴ぶべきであること、人欲を否定すべきではないこと、人の気質というものはただ一つの到達点に向かって変化するようなものではなく人それぞれだということ、道統などという考え方は仏教における血脈という概念を模したに過ぎないものだということ、朱子学が好む「居敬」などというものは、実は朱子学が表向きは排斥している禅宗の瞑想法を真似たものだということ、窮理などというものは学者がすべきことではないということ、聖人は人情を捨て去ったりはしないということを知ったのである。私はかつて朱子学という大きな沼地にはまっていたが、ここに至って、それを避けなければならないということを知った。ああ、夢だったのか。夢から醒めたのか。私を呼び覚ましてくれたのは誰だったか。酔い覚ましの効用を持つ葛花を処方し私を酒毒から救ってくれた名医は、いったい誰だったのだろうか。それはほかならぬ徂徠なのだ。夢から醒めたこのときの歓びは、深く大きなものだった。

先に述べた津和野藩公からの特命があったのは、その後のこと、徂徠学に関心を持って以後のことであったので、徂徠学に依拠した学問をしてよいのかどうか、私はかねてから親交のある藩公の侍従を介してその意図をうかがうことにした。そこで返ってきた返答は、次のようなものであった。

朱子学も徂徠学などの古学も本来的なところで言えば、要するに修身治国を目指すものであることには違いない。朱子学か古学かなどということではなく、学を積み、徳を成就させて国家の役に立ってもらいたいだけだ。とはいえ、わが藩では昔から朱子学を尊信してきた経緯がある。そのことに鑑み、朱子学に基づいた研鑽を積んで欲しい。

君命は、すでにこのように定まっていた。家臣としては君命に従わないわけにはいかない。とはいえ、朱子学ではなく徂徠学こそが有用の学であるとする自分の思いをまげて従うなら、それは学者としては不義だということになろう。私はこのとき、「あぁ、私はどうしたらよいのだぁ」と叫びたいぐらいに煩悶した。しかし、いま、隆盛を極めているのは朱子学で、誰もが朱子学こそを尊信していた。私ひとりが徂徠学を信じたとはいえ、まったく揺らがないほどの確信を得ていたわけではなかった。だとすれば、当面は時流に従うべきかとも考えた。しかし、やはり心が安らかでなかった。かつて韓愈・柳宗元らが古文の復興を唱え、程子・朱子らが新たな学問を切り開いたとき、彼らは決して時流に媚びることなく、「道」の真実の解明だけを己の任務とみなしていた。士たるもの、志があるならば、簡単に人に屈するべきではないのである。「是とせられざれども悶(いきどお)るなし」(『易』乾卦、文言伝)、すなわち周囲の人々に受け入れられなかったとしても憤らない、という聖人の言葉がある。これに従い、誰もが朱子学を是とするなかでも、断固として徂徠学に基づいた学問を貫くべきなのだろうか。他方で、「人心の同じからざるはその面の如し」(『春秋左氏伝』襄公三十一年)という言葉もある。人の顔がそれぞれ違うように、考え方もまた、それぞれに違っていて当たり前だということである。だとするなら、私だけが正しいと居直って、他者が正しいと考えるものを否定し争うべきではないと考えられる。

春秋時代の衛の大夫・蘧伯玉(きょはくぎょく)は、六十歳までに六十回も考えを変えたという。伯玉は、道の前に常に謙虚だったため、過去の自分の誤りを認め、それを正すことに何の躊躇もなかったのである。そのような姿勢は、伯玉にかぎられたものではない。私だって、十三、四歳の頃に書物を読みこなせるようになって以来、ときに老荘に惑い、ときに功利に溺れ、日々の行いもそうした考えの変化に従って変わっていった。孔子でさえ「四十にして惑わず」（『論語』為政篇）というのだから、四十歳までは惑っていたのである。聖人でさえそうなのだから、私のような鈍劣な者は、五十歳になったときに四十九年間の非を知るということになったとしても、何の不思議もない[3]。だとするならば、現時点で私が是と信じているものが、実はそうではないという可能性が当然にあるということになる。自らの現在の確信を絶対的に正しいものと思い込んではならないと考えるならば、朱子学に基づいた研鑽を積みなさいとする君命を傲然と拒否するのは、決して正しい態度とは言えない。しかし他方で、誤りを認め正すことに躊躇する必要がないのだと考えれば、間違いを恐れ、ひたすら君命に従うことのみを是とすることもないということになる。私はそのように考えて、他者が朱子学の注を用いることに、ことさらに異を唱えることはしないことにしながらも、自らは自らが是とすることを説くことにしたのである[4]。

弘化戊申春三月　哀子　懋　識[5]

夏五月朔日、はじめて蓄髪し、冠礼（成人式）を行った。親しくしていた小池氏を賓とし、このときから修亮と称した。この日、内臣の列に加えるとの命があり、扈従宿直の役を与えられ、五日から始まった（大岡平助から伝えられた）。

[1] 原文にはタイトルは付されていない。「徂徠学に対する志向を述べた文」というタイトルは、『西周全集』の編者である大久保利謙が付したものである。解題に記したように、このタイトルは、必ずしも内容を正確に表したものとは言えないため「無題」と表記することも考えたが、すでに通用しているタイトルであることから、全集と同じタイトルを掲げることにした。

[2] 現在とは違い、当時、医者の社会的ステータスは低かった。

[3] 蘧伯玉（きょはくぎょく）のエピソードは、『論語』憲問篇の朱子注に基づく。朱子は『荘子』に出典があるエピソードとして紹介しているが、『荘子』にあるのは六十歳までに六十回考えを変えたとする話のみであり、五十歳のときに四十九年の非を知ったとするエピソードは、『淮南子』原道君に基づく。

[4] 朱子学の注を用いるのは西自身なのか、それとも他者なのか、原文の「然則随宋儒之傳

註」の部分には主語がなく断定できない。次の「而我則説我之是耳乎」のところにのみ、「我」があることを重く受け止めるならば、朱子学の注を用いるのは「我」ではないということになる。訳文はその理解に基づいて作成してある。君命自体は曖昧なものに過ぎず、それ自体を大きく捉える必要はないかもしれないが、西自身は君命に従わない決断をしたということになる。

〔5〕このときの西は事実を知らなかったものの、実際にはこの年に改元されており、正しくは嘉永元年三月である。「哀子」は、母が死んで父だけが残っている子のこと。「懋」は、当時の西の名である「時懋（ときしげ）」の「懋」。

第2章

復某氏書

（某氏に復するの書）

解題

森鷗外が『西周伝』において「復国学者某書」と題したことに表れているように、本文書は従来、津和野藩の特定の国学者に対する返信書簡として理解されてきた。明治三年二月十五日の日付があり、沼津兵学校の頭取となっていた西が、明治二年十一月に休暇を許され、ペリー来航後に藩籍を離脱して以来、久々に津和野に帰郷した際に書かれたものであることが分かる。内容的にも、国学者らしき相手に宛てた返信の体裁をとっている。「天授の五官」の「感覚」に基づく普遍的真理の探究という学問論が展開され、「哲学」という言葉も使われるなど、西周の思想を集約的に表す文書だと言えるだろう。帰郷中に藩主・亀井茲監に提出した「文武学校基本並規則書」は、文学の四科を政律・史道・医科・利用とし、政律科の教育課程の課目に類似性があるなど、本文書と共通するところがあり、同様の教育課程は、沼津兵学校の学校規則である「徳川家沼津学校追加掟書」に遡ることができる。

津和野藩は、岡熊臣（くまおみ）、大国隆正、福羽美静といった国学者を輩出するなど、国学の盛んな地として知れわたっていたが、その藩校養老館では、藩主である亀井茲監の改革によって、嘉永二（一八四九）年に国学が教学科目に加えられ、首位に置かれた。嘉永四（一八五一）年には大国隆正の進言によって「国学」を「本学」と呼び改めている。「本学」とは「本教の旨をまなびしる学術」であり、「本教」とは「わが天皇の御系譜にして、天地のいできはじめの真をつたへたまへる、神代の古事」（大国隆正『本学挙要』）のことである。

本文書がこうした津和野の学風を背景にして書かれていることは間違いない。ただし、本文書で直接的な批判対象とされているのは平田篤胤であり、津和野国学・本学の人々ではない。当時、明治政府の神祇官（じんぎかん）では、亀井茲監、福羽美静らが重要な役割を果たす一方、津和野派と平田派が対立していたが、篤胤批判を展開する西は、それによって津和野派を側面援助しようとしていたという解釈も可能かもしれない。しかし、実際に本文書を読んでみると、津和野派を擁護するところは皆無であり、むしろ間接的に批判していると理解するのが素直な読み方であろう。ただ、津和野派に対する批判はあくまでも間接的であり、直接的な批判対象が平田篤胤であることからすれば、本文書が津和野の国学者である某氏への返信だとする必然性はないかもしれない。某氏が具体的に誰のことであったかを突き止めることはできておらず、某氏は実在の人物ではない可能性も否定できないように思う。本文書は、架空の人物からの書簡に対する返信というかたちで思想的な主張を展開した著作なのかもしれない。

　西が本文書で批判対象としている平田篤胤は、世界各地の神話・伝承に広く目を向け、西洋の天文学の知識も取り込んで記紀神話を宇宙論に仕立て上げた。ここには、排外的な日本中心主義とは異なる、ある種の普遍主義的な装いがあり、「百教一致」的な姿勢を読み取ることもできる。その意味では、篤胤の学風は、西の立場と似ているとも言える。西にとって篤胤の学問が批判すべきものであったのは、そのような類似性ゆえだったのかもしれない。しかし西とは違い、篤胤の基準はあくまでも日本にあった。西の篤胤批判が念頭に置いていると思われる『霊の真柱』は、天（あめ）・地（つち）・泉（よみ）という記紀神話から抽出可能な三世界を、それぞれ太陽・地球・月と解釈する。篤胤によれば、天・地・泉が混沌たる一物から分かれていった際、天地が分かれたところにあったのが日本だから、日本は地の世界である地球の頂点に位置するのだという。外国は日本から渡った神々が造ったのであり、日本発のものが形を変えて外国に伝わったのだから、外国の神話・伝承も古の日本を理解する手がかりになる。さらに、「外来」とは日本発のものが外国で発展して日本に戻ることであり、それも神の意思なのだ、というのが篤胤の主張であった。

日本を基準とし、日本中心主義を支えるこのような篤胤の擬似普遍主義を西は厳しく批判するのである。津和野国学の中心人物である大国隆正の思想は、篤胤とは異なるものの、西洋の新知識を利用することを「神議（かむはかり）」によって正当化し、日本中心主義的な議論を構築する点では類似性があり、間接的な批判が向けられていると考えることもできる。

日本基準の擬似普遍主義に対して、本文書における西は、「天授の五官」つまり人間が生まれながらに備えている感覚器官が感じ取る「感覚」という、人間にとって普遍的な事実に基づく真理探究の方法を提示し、物質科学と人間科学を区別しつつ、両者を貫く普遍的な道を提唱する。古今東西を問わず、あらゆる真理探究の営みを参照し、「天授の五官」の「感覚」という普遍的な基準に照らして取捨選択すべきだという。しかも西は、それを近代西洋の学術の摂取とは明確に区別している。そのような方法論自体は洋学から学び取ったものではあるものの、近代西洋の学術がもたらした知見さえもが取捨選択すべき対象とされているのである。『百一新論』では展開されない「百教一致」の具体的なイメージは、ここで語られていたと考えることもできる。

西は儒学者や洋学者にも批判の目を向けるが、物質科学・人間科学における普遍的な真理を探究するという西の立場は、儒学、とくに朱子学の学問方法を換骨奪胎したと言い得る面もあり、国学に比して儒学に対する評価は高い。一方、洋学に対しては意外にも厳しい視線が向けられている。普遍的な真理の探究とは異なる、根拠なき西洋への盲信は退けられているのである。西は、西洋に学ぶのであれば、西洋に淵源する普遍主義的な基準こそを学び、そのうえで、西洋の学術を含めて取捨選択せよと説いているのかもしれない。

「国語を興すの道」を謀るべきだという「同志」への呼びかけは、「洋字を以て国語を書するの論」につながる議論でもあり、注目しておきたい。上述の「文武学校基本並規則書」でも「日本語学」が文化発展のカギだと指摘されており、そこで言及されているのは、語呂合わせも使って音と意味を結びつける篤胤系統の言語学ではなく、本居宣長『詞の玉の緒』、本居春庭『詞の八衢』という文法書なのである。

本文書の内容は、津和野本学や平田篤胤の思想を踏まえなければ理解できない部分も多く、極めて難解だが、西の学問の展開を予示する重要な論点を数多く含む文書である。

本文書については、大久保利謙氏による『西周全集』の各巻「解説」のほか、蓮沼啓介「明治二、三年の西周」(同『西周に於ける哲学の成立——近代日本における法哲学成立のためのエチュード』有斐閣、一九八七年)、宇野美恵子「西周の教育思想における東西思想の出会い——沼津兵学校時代を中心に」(『北東アジア研究』第一四・一五号合併号、二〇〇八年）などの研究がある。

津和野本学や平田篤胤の思想については、田原嗣郎・関晃・佐伯有清・芳賀登（校注）『日本思想大系五〇　平田篤胤・伴信友・大国隆正』（岩波書店、一九七三年）、平田篤胤（著）・子安宣邦（校注）『霊の真柱』（岩波文庫、一九九八年）、金沢英之『宣長と『三大考』――近世日本の神話的世界像』（笠間書院、二〇〇五年）、張憲生『岡熊臣　転換期を生きた郷村知識人――一幕末国学者の兵制論と「淫祀」観』（三元社、二〇〇二年）、芳賀登「大国隆正の学問と思想――その社会的機能を中心として」（前掲『日本思想大系五〇』）、松浦光修『大国隆正の研究』（大明堂、二〇〇一年）、相原耕作「文字・文法・文明――江戸時代の言語をめぐる構想と闘争」（『政治思想研究』第一三号、二〇一三年）、三ツ松誠「宗教――平田篤胤の弟子とライバルたち」（河野有理（編）『近代日本政治思想史――荻生徂徠から網野善彦まで』ナカニシヤ出版、二〇一四年）などを参考にした。

本文

にし天根

御著書で論じられている内容は、本居宣長先生、平田篤胤先生らの議論をなぞっただけのもので、これといった変わりはないように見えます。「天地人三才の図」という部分だけは御著書の創見であるという主張のようですが、それは、何か理由があって深く秘めているとのことでした。そうおっしゃるのであれば、私も強いてまで見ようとは思いませんが、創見の部分を見ることができていない以上、あなたから「筆戦」という文章による論争を求められても、私としては、一体何を相手として戦ったらよいのかと困惑しているところです。

しかしながら、「ぜひ、私の議論に一太刀浴びせて下さい」という痛切な要請は、心からの誠実な思いから出たものだと感じました。まったく捨て置くわけにはいくまいと思いましたので、身のほど知らずにも、自分のなまくらな小太刀で、ちょっとばかり戦いに応じようかと思います。しかし、そもそも世の中にさまざまな学問の道が出てきて、あちらを悪く言い、こちらをバカにし、お互いに争いあうことは、昔からあったことですが、四海万国というこの全世界の大地に残らず知れわたってしまう現在においては、その争いもたいへん大きなものになりました。春秋戦国時代などに諸子百家が相争った様子とはとても比べようもありません。ですから、この争いを調停して一つの真理にまとめてしまうなどということは、容易な仕事ではありません。それは、勇ましく気丈な男子が太刀を執って十万人の銃で武装した軍隊の陣地へ独りで向かうようなもので、到底、手柄を挙げられるとは思われません。しかし、「筆戦」というものは、武器を執っての戦いとは事情が異なって、出陣する者が強く頼りにする剣は「信」という一字なのですから、太刀を用いた戦とは、その点では違いがあります。

誰であっても、自分が心に真理と決めたことは、できるかぎり他者に理解してもらおうと思うものですが、ほかの人もまた、自分が真理と思っていることに固執してそれを拒絶するので、例の争いというものが出てくるわけです。たとえつまらぬ人間であっても、自分が真理と見定めたことは固く信じてしまうものです。たとえ実際には、惑い溺れたものに過ぎないものだったとしても、みなそれにこだわって意見を変えようとしないのは、すべてそういう道理なのです。孔子も『論語』子罕篇で〈たとえつまらぬ人間でも、いったん心にこうと決めたら、他人がその志を変えさせることはできない〉と言っています。「信」こそが、舌戦と筆戦に使われる武器だというのは、そういうことです。

　したがって、いま、舌戦と筆戦とに臨む前に、まず人が「信」へと至る道筋はどのようなものかを考えておくべきでしょう。太刀の戦で言えば、太刀の作り方を知るからこそ、鋭い太刀と鈍い太刀との本質的な違いを知ることができるわけですが、それと同じことをしようということです。

　さて、「信」に到達する仕方はいろいろありますが、総じて言えば二通りに区別することができます。まず一つめは、「いたずらに信じる」というものです。つまり、聞いたことをそのまま信じ、あるいは前もって思い込んでいることを信じ〔1〕、自分にとって都合のよいことを信じ、ひたすらに古を信じ、ひたすらに今を信じて古を疑い、書籍に書いてあることを信じ、もっともらしく聞こえるものを信じる、といったようなことで、そのほかにもいろいろあるでしょうから、とても言い尽くすことはできませんが、このようにいたずらに信じてしまうのであれば、信じることができないものなど何もなく、どんなものでも信じてしまうということになるでしょう。たとえば、一つの村のなかで、ある人は毘沙門天を信じ、ある人は金比羅様を信じ、ある人は摩利支天を信じ、ある人はお地蔵様を信じるというようなもので、それによって災難と幸福がもたらされたという証拠を見極めることもなく、いたずらに聞き伝え、あるいは僧侶などに言いくるめられて、ひたすらに信じてしまうだけであれば、是非の区別など、できるでしょうか。鉛の刀にも劣るほど鈍い剣で相争う戦いのようなもので、まっとうな判断など、できるわけもありません。どれほどうるさく騒ぎ立てたところで、そのときどきの力の強いほうが勝ちを収めるだけのことで、真の意味での勝ち負けなど、決することはできないでしょう。二人の剣術者が、丈夫な竹ではなくイモの茎のようにくにゃくにゃした竹刀で戦うとしたならば、二人の剣術の巧拙を試すことはできません。これは、世の中にいろいろな流派を立てて争い合っている人たちにも言えることでしょう。いたずらに信じるというあり方で得られた「信」の当否は、筆戦、論戦しても、見極めることなどできないのです。

さて、もう一つの「信」に到達する方法というのは、この「いたずらに信じる」のとはうってかわって、「天」が我々に与えたものに従って信じることを始めるという方法です。どういうことかというと、人というものは、生まれながらにしてあらゆることを知っているわけではなく、外界の事物を「感覚」として感じ取ることによってはじめて「智」というものが開かれ、その開かれた智を用いて推測したり考えたりして物事を知り、物事のあるべき道理を信じるのです。ですから、「信」の本(もと)は「知る」ということから出て、「智」の本は「感覚」から出るのですから、総じて信じるものが正しいものであることを望むなら、この「感覚」というものを考えるところから始めなければいけません。

「感覚」というものについて事実の一つに照らし合わせて説明すれば、たとえば、人里遠く離れた深山幽谷で人が座禅を組んでいるときのように、寒くもなく暑くもなく、体に触れるものもなく、音もなく、臭いもなく、しばらくの間目を閉じていれば、その心のうちに感覚はないでしょう。しかし、いったん目を開けば、草木が生い茂っているのを感じ、鳥が鳴いていれば耳に感じ、風が吹けば体に感じ、花が風に吹かれれば香を感じ、草の根や木の葉を噛めば味を感じるはずです。これがとりもなおさず感覚を感じるプロセスというもので、全世界の誰であっても、必ずこれらのプロセスによって感覚を感じます。この感覚を感じるものを、「天授の五官」つまり天の授けてくれた五つの感覚器官と言います。

この五官の感覚によって知が生まれ、その知によって生まれる信を「天授の信」と言うのですが、多くの人は、この五官によって感覚が生じる道理を知らないので、惑い溺れることが少なくないのです。たとえば、あちらにお地蔵様の石像があり、こちらに観音様の木像があったとして、これらの像が人の姿にいくらか似ていて意思もあるように見えるものだから、慣れ親しんでしまって十分に調べることもなく、ついにはこれらの像は禍福をもたらすものだと思い込んで拝礼するようになるのです。しかし、お地蔵様や観音様が禍福をもたらすなどということはありません。それらは、意思あるものではないからです。たとえば、風が吹いて瓦が飛んで人を傷つけるといったことがあると、風が禍福をもたらしたように見えるのと同じです。しかし、それは偶然に過ぎず、風に意思があって害をもたらしているわけではないのは当然です。

人の形に彫った木像や石仏に意思があるわけではありません。かりにそれらに拝礼した後に禍福が生じたとしても、その木像や石仏に意思がある証拠と考えるのはまったく間違っています。物に意思があることを確かめるには、それ自体に動く力があるかどうかを観察するのがよいでしょう。あの虫や蟻の類であっても、自ら動き、毒針で刺すことだってあります。これこそが、意思あることの証拠です。これに対して、石仏や木像をよく観察すれば、これらが歩くことはなく、動くことも、鳴いたり吠えたりすることもないことが分かります。これは、生きて活動するという働きがないということであって、そんなものが禍福をもたらすことなどできるわけがないのです。

世間一般の人々の五官の使い方はだいたいこのようなもので、「天授の五官」を備えているにもかかわらず、これを用いるための道理を詳しく理解していないので、木石が人の形に似ているのを見ては信じ、人の言葉を信じてこれを拝んだりしているのです。彼ら自身が福を受けたいと思う気持ちは切実なものではあるのでしょうが、しかし誤っていると言わなければなりません。

これは、石仏や木像を拝む人たちだけの話ではありません。総じて、「天授の五官」を働かせることなしに、いたずらに古にとらわれたり今にこだわったりするような人たちについても、まったく同様に当てはまることなのです。ですから、この五官を使い、正しく感覚を機能させようと思うなら、まずその道理をすっかり知って、目はどうやって物を見ることができ、耳はどうやって物を聞くことができ、鼻と口とはどうやって嗅ぐことと味わうことができて、体はどうやって知覚するのかを知らなければなりません。天授のものである五官によって自分の外に外界の事物があることを知り、また、その外界の事物が自分に対して感覚を呼び起こすのはどのような道理によるのかを知り、さらにまた、外界の事物同士が相互にどのように関わるのかを知ります。五官は、その道理を信じさせる器官なのです。したがって、五官を拠りどころとして始まった「信」であるならば、必ず、古にとらわれることなく、今にこだわることなく、自分に都合がよいか悪いかということに固執せず、ただ事物のありのままに備わった道理を信じるに至って疑うことがないでしょう。「天」の命ずるとおりの、そのような「信」であれば、世界中のどこであっても同様なものになります。全世界の人がこの五官を等しく有している以上、この議論の趣旨は、どこであっても同じなのです。

それなのに、古にとらわれ、今にこだわり、伝聞を信じたり、書籍を信じたりする人たちは、この五官を持っているのに、五官が事物に反応して感覚が生じる道理を詳しく知りません。それで、いたずらに「信」を生じさせて、自分の信じる説が行き詰まりそうなときには、ねじ曲げて言い逃れの言葉をこしらえて誤魔化します。さらに負けじ魂の強い頑固で醜い学者に至っては、牽強付会の無理なこじつけの説を作り出して、他人ばかりか自分までも欺こうとするに至ります。そうではありますが、世界は広く、この先も長い将来があるわけです。人はそれぞれ「天授の五官」を備えていますから、邪説を主張する二、三人の手によって五官に基づく「信」を覆い隠すことはできません。たとえいったん、牽強付会な邪説が広がったとしても、天道の真理をいつまで、また、どこまで覆い隠しておくことができるでしょうか。このようなことも考えずに、いたずらに無意味なことをしようとするのは、私には本当にこっけいでばかばかしく思えます。

以上に述べてきた「天授の五官」に基づく本当の学問というものについて、いまここで論じ尽くすことはできませんが、その概略だけを述べておきます。五官に触れて感じられる聴覚・視覚・嗅覚・味覚・触覚は、もとからそれ自体として存在するわけではありません。客観的な一つの実体が細大さまざまなレベルで分かれたり合わさったりしながら、触れる器官に応じて、五通りの感覚というかたちで生じるのです。この客観的な実体の細かい物が流動する精緻な働きによって、四種類の形象となって運動し、四種の形象が運行することによって客観的な実体が分かれたり合わさったりして、三つの具体的な形体となって現れます。この三つの形体と四種の形象の運動によって三つの世界の万物を生み出します。三つの世界とは、鉱物の世界、植物の世界、人も含む動物の世界です。この三世界の万物を人が探求してその源を突き詰めてゆき、四つの根源的な元素、三十六の金属、二十余りの土を見出しました。これに関わる理を物質科学の道理と名づけます。物質に関する学問は、物理学、化学、鉱物学、植物学、動物学、地質学、古生物学、天文学、気象学などです。

　また、右に述べた一つの客観的な実体の働きを知り、これと組み合わさる仮定的な対象を見定め、この仮定的な対象と客観的な実体の二つが動態的ならびに静態的に相い関係する様相を観察すると、空想上の四つの元素を見出すことができます。この四元素を出発点にして三つの世界の姿に即して思考を推し進めてゆくと、造物主の霊妙で計り知れないあり方を感知することができます。ここから物質科学の道理に基づいて四元素に関する思考を推し進め、人間科学を奥深くまで究めていって人という存在の根本を知ります。これを人間科学の道理と言います。これに関わる学問は、論理学、心理学、倫理学、自然法学、公法学、市民法学、刑法学、商法学、国際公法学、国際私法学などです[2]。

　このほかにも役に立つ学術がいくつかあります。万国の言語文章の学、世界地理の学、世界史、算術、幾何学、代数学、音楽の術、図画の術、彫刻の術、器械の術、農耕・工芸・園芸・牧畜の術などです。また、『書経』大禹謨に出てくる「利用厚生」という世の中を便利にして人々の生活を豊かにするための道に関係する学術には、航海の術、造船の術、陸軍の兵法、海軍の兵法、兵器製造の術、工事の術、運輸の術などがあります[3]。

　だいたいこれらの学術は、みな物質科学の道理に淵源し、それを人間科学の道理に応用することによって完備します。そうやって完備したものこそが、物質科学・人間科学を一貫する実理に基づく、「天授の五官」によって始められた学問なのです[4]。実理を研究するのであれば、この道理を無視することは誰にもできません。この道理は、東洋・西洋の賢哲たちが数千年の長い時間をかけて才智を積み重ねて発見してきたものであって、わずか数人ばかりが唱えている私論などではありません。これらの学術に関する書籍はとても多く、そこには東洋・西洋のあらゆる議論が記載されています。また、それらの学問には、それぞれ試すのに適した器械があって、それによって議論が実理に合っているかどうかを確かめることができます。

そして、このような学術によって人材を養成し、政治・法律の分野に通じた者は民の生計をつかさどり、歴史に通じた者は民の実情に責任を持ち、利用厚生の分野に通じた者は民の生活を便利にし、医療に通じた者は民の病気を治療し、軍備に通じた者は民の安全を守り、技芸に通じた者は民の生活を華やかにする。そうやって、いまだ野蛮だった状態を、洗練された優雅な状態へと導いていくのです。このように天下を治め、万物を作り育て、温和で楽しく長寿で健康な境地へと人々を到達させ、さらに日々進歩していくように学術の講究を続けていけば[5]、いずれは真の聖人が出現し、全世界が一つの世界政府のもとに統一された永遠の平和の源が開かれることになるでしょう[6]。これこそが五官が実際に感覚する事実から始めて物質科学・人間科学を一貫する道理に基づいて立てた道です[7]。「天授の五官」を無視し、いたずらに妄想や虚構の希望に依拠する議論とは、比べものになりません。

自分は年少の頃から経書や史書を読み覚え、和漢の書物に通暁し、長じてからは西洋の書物を読み習い、オランダ、イギリス、フランス、ドイツの四ヶ国語を理解し、さらに西洋諸国の古典語であるラテン語とギリシア語、またインドの古語であるサンスクリットなども少しばかり学ぶことができました。私が訪れた地域もわが国の大半に及び、さらに、中国やインド、西洋の数ヶ国を歴訪し、広く世界の人々と交際し、五官が実際に感覚する事実によって学んできたさまざまな事柄を講究し、相互にあれこれと比較してきてほぼ二十年が経ちました。いま、天命を知る歳を過ぎて自ら省みると、「学問の道はすでに十分であり、外に求める必要はなく、真理に対する『信』が生じているので、ここから動く必要はない」と言えます。これが、あなたから一太刀を浴びせよと求められたのに従って私が振り下ろした太刀です。

そうは言っても、もとからこの道を信じ、この道を守れと言って党派を作って争うような世の中の人々とは、自分は異なります。五官の実際の感覚によって得られた、私が信じるこの道は、もともと西洋の哲学に依拠したものですが、とはいえ、私自身は自らを洋学者だと称するつもりはありません。また、おおかたの儒学の書物を学び究めはしたものの、儒者と呼ばれたいわけでもありません。また、わが国の書籍も読みましたが、日本学者[8]、国学者を名乗るつもりもありません。そうではなく、学問を志す一人の日本人として幅広く学んできたつもりですから、御著書のなかで〈特定の学説に拘泥した者たち〉という語を用いて批判しているような、かたくなに自分の信じる道を墨守する者だとは思わないでいただきたい。

ですから、わが国の書籍は言うまでもなく、孔子の教えでも、インドのバラモンの教えでも、釈迦の教えでも、小アジアのモーゼの教えでも[9]、キリストの教えでも、ペルシアのゾロアスターの教えでも、アラビアのマホメットの教えでも、そのほか、古代エジプト人、古代ゲルマン人、はたまた西インド人などの教えでも、もしも五官の感覚と異なることがなければ、採用し信じるべきなのだと私は思っています。いえ、採用するという言い方はおかしいでしょうね。私がこれらのさまざまな宗教を採用するということではなくて、天下がこの道理を共有しているということなのですから。たとえば、水が物を潤し低いほうに流れる性質を持ち、火が燃え上がる性質を持つといったことは、天下どこでも同じ道理です。このことは『書経』の洪範篇に書かれていますが、その専売特許ではありません。また、親孝行を西洋の言葉ではパランタージ（parentage）と言い、報国の忠義をパツトリオツト（patriot）と言います。これらの道理は、孔子の道が重要視するものですが、孔子の道のみに備わっているものというわけではないのですね。やはりこれも、世界が共有している道理なのです。ですから、世界に共通する道理を発見して掲げ示したのであれば、それがどこの国の人であったとしても先覚者と言わなければなりません。ただこの道理は、先覚者がこしらえたものではありません。世界に本来的に備わっているものを、先覚者が発見したのです。だからこそ、先覚者によって発見され表明された道理に従うことをためらう必要はないのです。

　このように、広く明らかで、大らかで平らかな、どこででも通用するものとして立てられた道ですから、天下のあらゆる事物にやすやすと対処できて、背いたり外れたりすることもなければ、偏ることもなく、行くべきところに行ってとどまるべきところにとどまり、常に適切で調和が取れるのです〔10〕。尊大で驕り高ぶって自己満足にひたり、事実を曲げた偏見によって世間を惑わし、人にその偏見を無理強いするような人たちのあり方とは、まったく異なります。こうした人たちは、自分たちが信じている天狗道という魔界があったとしたら、魔界に連れ去る役割を果たすという老法師の出番を待つ必要などなく[11]、即座に自分自身でその魔界に落ちてしまうことでしょう。とても助け出す暇はありません。そうは言っても、このように、自分の太刀をやたらと打ちつけるように自分の道を声高に主張するだけでは、見る人からすればその是非を判断することは難しいでしょうね。話を終える前に、少しばかり他流の者とひと太刀、ふた太刀、試みに交えてみましょう。

昔、孔子が『書経』を編集した際に堯舜から始め、水戸光圀公が『大日本史』を編纂したときに神武天皇からお始めになりました。堯舜以前のこと、神武天皇即位以前のことは書かれていないということになりますが、世の中の学者のなかにはこれを正当だと考える者もいて、〈大昔のことは根拠がなくデタラメで、そこから教訓を引き出すことなどできない。だから堯舜や神武から始めるのはもっともなことだ〉などといい、多くの学者もそう唱えています。しかし、自分の見たところでは、大昔の不思議なことを排除する必要はありません。歴史を論じる者は、フィクションをノンフィクションのように装って書かれた歴史小説のようないい加減な創作物語でないかぎりは[12]、大昔に書かれた書物の記述をも参考にして昔のことを考えるべきです。わが国の『古事記』『旧事紀』『日本書紀』の神代の巻などは、もとより疑わしいことがたくさんありますが、もともとは稗田阿礼の口伝えから出て、太安万侶が記録したものであるという事実自体については、疑うことはできません。ですから、歴史書を読むものは、これらの大昔の文献も深く追究するべきなのです。

西洋の大昔にもやはりこのような記録があります。西洋の言葉ではこれをミトロジー（mythology）〔13〕と言います。このような記録はどこにでもあるもので、インド、ギリシア、ローマ、ユダヤ人の古伝説なども、やはり荒唐無稽な内容が多いですが、西洋の哲学者たちはこれを徹底的に調べています。そのうえで、実理に照らして信じるべきものは信じ、疑うべきものは取り除くという態度で臨んでいます。臆説によって実理をねじ曲げて古伝説とあらば何としても信奉するとか、逆に、古伝説はすべて排斥して捨て去るといった、かたくなな態度は採りません。

自分が『古事記』を見たところでは、おおかたは信じることのできるものだと思います〔14〕。『古事記』に書かれていることのうち、冒頭の、天地の始めに天(あめ)の御中主(みなかぬし)の神(かみ)や高皇産霊神(たかみむすびのかみ)・神皇産霊神(かみむすびのかみ)が現れたといった話などは、大昔の史実ではなく、大昔の言い伝えでありまして、太古の世でいまだに文字が存在しないときであっても、人智はすでに造物の主宰があることを知るに至っていることが、ここから分かります。これは、大昔の賢哲がすでに天地の道理の現れである「理象」を観察して歴史を物語ろうとし、まずは天地が分かれた始めのところから話を始めたものであることは明らかです。これに対して、伊邪那岐命・伊邪那美命の男女の神が国生み・神生みを行うところからは、まさしく皇国の大昔の歴史でありまして、人の世が辿ってきた歴史を物語ったもので、「理象」から説いたものではありません。ただこれを口承で受け伝えて数千年が経てば、誤った伝えも必ず交じります。これは西洋の言い方ではタラヂシュン（tradition：伝説）〔15〕というもので、大昔はだいたい言葉の数も少ないうえ、東洋でも西洋でも大昔の人はたいてい話を神秘的なものにする習性があるので、奇怪な話になってしまうことがあるのです。たとえば、伊邪那岐命・伊邪那美命が島々を生んだとか、伊邪那美命が火の神を生んだといったことは、もちろん事実ではなく、たとえ話です。島々を発見したとか火を発明したとかいう事実を比喩的に表現しているのです。これを本当に生んだのだと解釈しては、実理に背いていて子どもでもデタラメだと分かります。自ら「天授の五官」を廃棄しなくては信じることはできません。このように大昔の伝説を理解することは平易簡明なのでありまして、苦心して牽強付会のデタラメな説をひねくり出す必要などないのです。

そもそも契沖法師が『古事記』を読解してから、荷田春満、賀茂真淵の二氏に『古事記』の読み方が伝わり、本居宣長先生に至って国学は大成されました。和歌・国語の道とわが国の古典の研究とにおいて国学者たちがこの国に大きな功績をなしたことは高く称賛すべきことです。そのうえ、浅はかな儒者の狭苦しい議論や事実をねじ曲げる学者の偏見を打ち破った功績は少なくありません。しかしながら、日本の大昔が淳朴であるのを見てそれをそのまま道だと考え、それによって世の中を導こうとしてしまったのは国学の短所であって、私たち後学の戒めなければならないところです。それなのに、あなたがさらなる牽強付会のデタラメを逞しくしようとするのは、火を消そうとして火元に近づく際に薪を抱いていくようなもので、ますます害を大きくするものです。

平田篤胤氏が言うには、中国の孔子・孟子の道は後世の発明によるものに過ぎず、太古の清浄で無為なあり方を主としている老子・荘子の言葉こそが、わが国の古の道に合するとのことです。そういう理屈を唱えて葛洪という道士が神仙術について説いた『抱朴子』を採用し、道家の言葉を信じていますが、いわゆる道家はすでに元来の老荘とは違っていることを知らないようです。朱子がすでに明らかにしたように、道家は仏教の多大な影響を受けていて、老荘の思想とは別物なのです。

また平田氏は、釈迦の説はいったん衰えた古の道を再び盛んにしたものであるから、釈迦以前の古代インドの説であるバラモン教こそがわが国の古の道に合致しているとも言っています。しかし、このような見解は、仏教とバラモン教にはどちらにも得失があって、一方的にバラモン教に味方すべきではないことを知らないものです。

さらには、西洋にもわが国の古の道のような説があるに違いないなどとも言っていますが、平田氏の頃は洋学がまだあまり発展していなかったので、参考にして考えることのできたのは、明代の末に中国を訪れた西洋人たちがもたらした説に過ぎませんでした。たとえば、中国にカトリックを布教したイエズス会士であるマテオ・リッチらが伝えた西洋の学説は、ユダヤ人の旧説とキリスト教の新説、また、哲学と物質科学の実理とを混合させた学説に過ぎないことも、まるで知らないのです。西洋の物質科学と人間科学の新たな成果についてはまったく知らなかったのですが、西洋の学説も取り入れたという平田氏の説について[16]、その当否を判断できる知識を持つ人も少なかった当時においては、世間の人々の関心を呼び、信じて従う者もしばしばありました。

平田氏は、宇宙についても牽強付会な妄説を唱えています[17]。『古事記』や『日本書紀』に出てくる「アメ（天）」という言葉、また、「高天原」を、平田氏は太陽だと解釈し、『易経』乾の卦の象伝にある「天行は健なり」の「天」をも「日」と解釈してこじつけるに至っています。しかし、そもそも「太陽」というものは造物主がただこの天を照らすために置いた明かりのようなものです。誰かが明かりをつけて部屋を明るくしたときに、部屋にいる人がみな明かりをつけた人に感謝しないで明かりを拝んだりしたら、それはおかしなことでしょう。地球と太陽の間の距離はたいへんなものですが、それでも何里かを測ることができます。太陽の大きさだって同様です。宇宙全体からみれば、太陽はいたって小さいものに過ぎません。どうして造物主であるはずの神がここにとどまっているなどと言えるでしょうか。最近の実測によれば、太陽の内部にどのような物質があるのかを知ることができます。さまざまな物質がありますが、地球と違いはなく、ただ鉄が極めて多いという点が異なるだけです。太陽という燃えさかる一つの天体が、その引力によって、五つの惑星や地球などを引き連れ、ほかの恒星とともにほかの太陽の周りを回っています。ほかの太陽というのは、中央太陽と言って、地球が衛星を引き連れてこの太陽の周りを回っているのと同じことです。これは最近のロシアの天文学者が発見したことですが、こういったことはみな目視による実測から分かることであって、疑問の余地はありません。どうして造物主であるはずの神がこんなちっぽけな太陽を住み処とするでしょうか。自分の小さな心のままに、期せずして造物主を過小評価してしまっているからこそ、そんな考えに至ってしまうのではないでしょうか。

『古事記』や『日本書紀』に出てくる「高天原」は、孔子・孟子の言う「天」に相当するもので、『詩経』では上天や昊天、『書経』では皇天、西洋の教えでは天国と言われているものと同様のものです。そのほか、野蛮人にも天を崇拝する礼があります。要するにどれも頭上高くに広がる青々とした大空を指し、道理によって、あるいは地位に基づいてそんな表現をしているだけで、具体的にどこそこにあると指し示すことができるようなものではないのです。そしてまた、天つ神や上帝、ゴット（God）、ヂウ（Deus）、神というような異なる表現がなされる場合でも、それらはみな主宰者であるという趣旨を表現したものに過ぎません。程子が『易伝』で「形体という点からは天と言い、主宰者という点からは帝という」と言ったのは、ほぼ当たっていると言ってよいでしょう。キリスト教の造物主、キリアチウール、キリアトル、シケプペルというのも同じことです[18]。ただし、これを認識するためには「天授の五官」から始めることが肝心です。学識が広くなって造化の精妙なからくり、造物主の奥深くて知りがたいところまで到達すれば、それに対する畏敬の心が日に日に深くなって抑えることができなくなります。逆に、学識が浅はかで狭いと、それに応じて見るところも狭いので、畏敬の心もその狭さに応じて浅くなり、ある者は狐狸を拝み、ある者は蛇蝎を信じるに至ります。これはちょうど、水が地球上にあるようなものです。水はどこにでもありますが、水を受ける器には大小があって、小さい器もあれば大きな桶もありますし、小さな池や大きな湖、河や海もあるといった具合です。認識の深さは智の広狭次第なのですから、学ぶ者は自分の学識を広げることに勉めなければならないのです。以上が、自分が国学者に向かって切り払う太刀です。

一方、国学者は儒学をしきりに非難しますが、孔子・孟子の説は人が当然に行うべき事実から道を立てたものであって、とくに非難すべきところはありません。ただ物質科学の道理に関わる議論は妄想によるところがしばしばあります。たとえば、天が夏の禹王に与えたと言われる政治の九原則を洪範九疇と言い、その第一が五行ですが、これはあらゆる物質を木火土金水の五つからなると考えるもので取るに足りません[19]。易の陰陽論は、天地の理を観察したものでいくらか要点を得ていますが、陰陽を組み合わせて四つにした四象から先の議論は無意味な数合わせに過ぎず、採るべきものはありません。

周茂叔（周敦頤）の『通書』と邵康節（邵雍）の『皇極経世書』は、無意味な数合わせを濫用する親玉で、デタラメであることは明らかです。朱子が木火土金水の五行と仁義礼智信の五常を組み合わせたのもこれと同類ですし、不純さの交じる人心と純粋な道心とを区別する説や、人心を克服して明鏡止水の道心の境地を目指すべきという議論は、老仏に影響された説に過ぎず、清代の儒者の考証学によって根拠がないことが明らかになりました。妄想に基づいて理を説くことの弊害は大きく、物質科学の道理に関わる儒学者による以上のような議論は、おおむねこの誤りを免れていません。

しかし、儒学が日々の社会生活について立てた道徳規範については、古今東西の事実に照らしてみると、変えることのできない、着実な部分があることが分かります。たとえば、『孟子』梁恵王上篇にあるように、孟子は、梁の恵王に対し、王が鳥や獣を飼う広々とした庭園を楽しむためには民とともに楽しまなければいけないと説きましたが、フランス国王の庭園も同様でした。『孟子』梁恵王下篇では、孟子は斉の宣王に対し、国民の意見を聞いてから、賢人であるかどうか、あるいは罪を負わせるべきかどうかを、判断すべきだと論じていますが、イギリスの議事院の方法とオランダの刑事手続きの方法も同様です。ただ『大学』伝十章にある財用の道についての議論はいまのやり方とはやや齟齬していいます。これはいまだ世が開けないで、財用の道が十分に明らかではなかったからでしょう。

人間科学に関わる儒学のこのほかの議論については、仁と智を説いた孔子の議論が最も当たっています。朱子学者は、前代の聖人たちがいまだ発することのなかった創見として孟子による仁義礼智の説を称賛していますが、これは間違いなく誤りです。孟子は善い徳目を一つ一つ数え上げていくなかで、たまたま仁義礼智に説き及んだだけのことであって、人間科学の深奥を説いたものではありません。要するに人間科学の説については、孔子・孟子のときはただ概略を述べただけで、程子と朱子が理気論を説いていくらか精密さを加えましたが、やはり粗雑な議論であることを免れません。

孟子の仁義礼智の説と並んで浩然の気を養うための養気の論についても、朱子学者は前代の聖人になかった創見として称賛しますが、気を養うことは普通の人にも難しくないことです。これに対して孟子の説いている「知言」、つまり言葉を知ることは、学者にとって最も重要な仕事、学問の大本であって、ゆるがせにしてはなりません。ところが、孟子の養気の説と知言の説はいずれも『孟子』公孫丑上篇の同じところに出てくるにもかかわらず、議論の長短に惑わされて、かえって大事な知言のほうを軽視しています。

こうした類のことが後世の儒者の誤謬のなかでもとくに甚だしいものですが、大きな誤りはその程度であって、国学者が批判するほどひどいものではありません。

おおむね孔子・孟子の道は西洋の哲学と大同小異で、東西が相互に影響を与え合ったわけでもないのに符節を合わせたかのように合致します。どうしてそうなるのかというと、両者ともに、人の理に基づいて立てられているからです。人の理に古今東西で違いはない以上、それに基づいて立てられた孔子・孟子の道と西洋の哲学とが符節を合わせたかのように合致するのも当然です。ただ物質科学の理については、古代中国の周のような高度の文明をもってしても西洋には及びませんでしたし、学問・教育が大いに衰えた後世になると、なおさら西洋の状況に近づくことはできません。とはいえ、アジア東方にあって学問・教育が古代に開けたのは中国を元祖とします。たとえば、堯舜の時代にすでに天体の現象を観測して五つの惑星について知り、羲氏と和氏に天文をつかさどらせて農事暦を管理させました。禹が各地をめぐって地勢や産物を調査した記録である禹貢は統計表の基礎となるものですし、周公は車上の人形が常に南の方位を指す指南車を作りました。そのほかにも宮殿や冠と履物の制度を定めるなどしており、古代中国が東洋の学問・教育の始まりであることは疑いありません。これはちょうどギリシアの学問・教育がローマに伝わり、ローマの学問・教育が全ヨーロッパに広がったのと同じで、西洋の学問・教育はギリシアに起源があり、東洋の学問・教育は孔子・孟子に源泉があるということは、否定しようがないのです。それなのに、世間の偏狭な者たちは、孔子・孟子の教えが自国で生まれたものではないことを憎んで否定しようとしがちです。これは、さて、いかがなものでしょうか。

西洋の北方で現在、文明が光り輝いているとされる諸国は、二千年前には蛮族の類でしたが、ギリシア・ローマの学問・教育の影響を受けて次第に文明に進み、ついに今日では、青は藍より出でて藍より青しと言われるように、ギリシア・ローマ以上の文明の高みに到達しています。その文物制度は燦然と世界に輝く優れたもので、礼儀正しく謙虚で春の日差しのように暖かく穏やかな気風が世界中に広がっています。しかも、西洋の哲学者たちは、現在の文明国が昔は野蛮であり、外来のギリシア・ローマの文明の影響を受けて文明化が進んだことを、隠すことなく率直に書いています。これこそ、歴史家のお手本とも言うべきでしょう。

これに対してわが国の学者たちは、心がとても狭く、外国の人の善を称揚することを極端に嫌がります。たとえば、〈天帝が中国西方の山である崑崙の雪を掬って日本の東に置いたのが富士山だ〉と詠んだ秋山玉山の詩を、頼山陽先生は、「崑崙」と「富士」をひっくりかえしたパロディにし、〈富士山の雪をすくってできたのが中国の崑崙であり、その雪解け水が黄河となって東海に戻ってくるのだ〉、などと言っています。しかし、日本のような小さな国の小さな山と中国のような大きな大陸の大きな山とを比べてどうしようというのでしょうか。崑崙のほうが大きいに決まっているではないですか。

思うに、東洋の学問・教育が孔子・孟子に淵源するのは言うまでもないことです。だからこそ、わが日本の古の聖王も孔子・孟子の教えを採用してわが民に教え広め、またあわせて中国の制度・文物を取り入れて日本の朝廷の制度を整備したのです。これは、昔の日本人がいまの日本人より際立って優れていたところです。ただ、その当時はわが国ではまだ学問が成立していなかったので、中国の漢字を取り入れてそのまま使おうとしたのは惜しいことでした。しかし、これはすでに終わったことなので、いまさら嘆いても仕方のないことです。問題は、文字のことはともかくとしても、日本語で文章を書くための方法が、現在でもきちんと整備されていないことです。ですから、現在、学問に志がある人たちは、わが国語を確立する道を求めなければいけません。これはわが国の学問・教育を発展させ、わが国の独立不羈の基本を確立するための根本に関わる問題であり、瑣末な事柄ではありません。ああ、自分と志を同じくする者がいたら、ともにこの事業に従事してほしいと思います。以上が、自分が漢学者に向かって浴びせる太刀です。

自分はあなたなどとは違って、深く漢学者流を咎めたりはしませんが、彼らの視野はわずかにアジアの東の端を出ることはないので、学識もとても狭く、しかも知識を実際的な事柄について実践しようとしても、朱熹の言う下面の工夫、つまり具体的な方面での訓練がないので、頭でっかちの理屈だけになってしまうことが心配です。現在は、富国強兵という国家の急務があるというのに、無意味に四書や六経などの儒学の経典を講究し、詩文や書画などを楽しんでいるばかりでは、まるで中国人の居候を住まわせているかのようなものです。この点には、とても憂慮しています。

さて、もう一人の剣術の相手は西洋学者であるはずですが、これは自分にとっては同門にも等しく、そのうえ人数もとても少ないので、うるさく責めるほどのこともありませんが、二月二日は二日灸でお灸の効果が二倍になるということですから、一つお灸を据えてみましょう。もちろん、例の特定の分野を研究する人たちが、やれ洋兵だ、洋算だ、洋書だ、化学だ、医術だ、と何かにつけ西洋流が素晴らしいと騒ぐのも、もとより実際的な事柄についてそれだけの効用があって有益なものでありますから、誉めこそすれ、批判するようなことではありません。ただ、そのうちで、経済とか富国とか唱える人たちが、エコノミーポリチック（économie politique）という学術に通暁しているわけではないというのに、聞き及んだ程度の西洋諸国の事例に従って、いたずらに西洋のマネばかりをするのには困ったものです。そんなことをして人々の生活に害を及ぼすことがあるのはとても嘆かわしいことで、いわゆる生兵法は大けがのもと、生半可な学問はかえって大失敗につながります。しかしこれは、学問をする者の浅はかさの問題であり、経済学という学問の弊害ではありません。『史記』廉頗藺相如列伝にあるように、名将・趙奢の不肖の子である趙括は、兵法書を学んだだけで自分を優れていると勘違いし、秦に大敗しましたが、それは兵法書に問題があったわけではありません。経済学の場合もそれと同じことで、経済学を咎めてはなりません。

また、もう一つ問題なのは、物質科学の道理だけを信じ、人間科学の道理について学ぶほどの力量がなく、いたずらに天地は死物だと考え、万物を生成する造化は自然に過ぎないとし、造化に対する畏敬の心がまるでなく、自分の思いのままにやりたい放題やる人たちがいることです。これはアテイシス（atheist）、つまり無神論者と言って、西洋にも見られる風習です。しかし、西洋諸国には宗教があって、もっぱらこれによって無神論を防いでいるので、学問のない一般の人々にはかえって無神論者は多くありませんが、哲学者のなかのたいへん有徳な人のなかに無神論者がいたりします。わが国の場合は、洋書などを読む者のなかで学問が浅いためにしばしばそうなってしまう例があるのでしょう。これはたいへん憎むべき人たちで、本来の西洋学のあり方とはまったく違ってしまっています。以上が西洋学者の脳天に私がたたきつける太刀です。

さて、筆戦もすっかり長くなってしまいましたので、これにて終わりにしたいと思います。自分の太刀は、例の「天授の五官」を出発点として作り上げた太刀ですが、筆鋒がはなはだ鈍く短いものに過ぎません。このような太刀の構えには打ち込める隙があるでしょうから、何度でも打ち挫きたまえとお願いしたいところです。もとより例の進歩する道ですから、太刀の構えが悪く隙のあるところは何度も構えを変えて改善し、また太刀をも磨き直して、あなたの打ち込む太刀に応戦したいと思います。恐れ入りますが、どうかなまくら刀と見て相手にしないなどということのないようにお願いします。

明治三年二月十五日　にしの天根

[1]「先入の言」という原文どおりに訳しておいたが、あるいはこれは、「先人の言」の誤りかもしれない。

[2] 原文の「政法学」や「公法政学」「公法通学」などが何を意味しているかは分かりにくいが、「文武学校基本並規則書」の「課目」に、経済学（エコノミーポリチック）・政法通論（ドロワポリチック）・国法通論（ドロワシキル）・刑律通論（ドロワキリミナル）・商律通説（ドロワコンメルシアル）・政表説（スタチスチック）・公法大意（ドロワイントルナシヲナル）が挙げられていること、また、『百学連環』で万国公法（International Public Law）と万国私権通法（International Private Law）について論じている内容を参考にし、「政法学」を公法学、「国法学」を市民法学、「公法政学」を国際公法学、「公法通学」を国際私法学と訳した。

[3] 原文の「かの利用厚生の道」の「かの」は『書経』を指しているものと理解して訳述した。荻生徂徠は『書経』の「正徳」と「利用厚生」を段階的に分けて、「正徳」の「道」を制作する堯・舜・禹らの段階の前に「利用厚生」の「道」を制作する段階があったと捉えるが、これを念頭に「かの利用厚生の道」と言っている可能性もある。次の段落の「数千年の長い時間をかけて」というところも、徂徠が、多くの聖人が数千年をかけて道を制作したとしばしば述べるのと、重なるところがある。

[4] 原文は「形気性理一貫の実理」であり、すぐ後にも「形気性理一貫の理[リ]」とある。『論語』では「一以て之を貫く」という孔子の言葉が繰り返され（里仁篇、衛霊公篇）、朱子学では「一貫」を、渾然たる一理が万事万物を貫いていると解釈する。ただし、西周としては、朱子学のように天道・人道を貫く一貫した「理」があるのではなく、物質科学・人間科学の二つの分野を分けることに意味があり、朱子学的な用語を使いつつ、朱子学を批判しているのかもしれない。

［5］原文は、「唯だ天下の至誠のみ、能く天下の大経を経綸し、天下の大本を立て、天下の化育を知ると為す。夫れ焉んぞ倚る所有らん」、「洋洋乎として万物を発育し、峻く天に極る」といった『中庸』の記述、「湯の盤銘に曰く、苟に日に新たにせば、日日に新たに、又た日に新たなり」という『大学』伝の記述を念頭に置いて表現している。

［6］原文は「四海共和、無疆治休の源ﾄを開きなむとす」。各国政府の存在を前提に各国政府が協力してともに治めるというほどの意味として解釈することもできるが、同じ表現を用いている西周『兵賦論』の議論は、世界政府のもとでの永遠平和という意図で論じられているように見える。また、その状態が実現し得るのは、「今後一万年の歳月を経るに非ざれば……至ること能は」ざるものとされており（『西周全集』第三巻、六二頁）、「四海共和、無疆治休」は、実現不可能なほどに遠くにある理想として掲げられているように見える。それは、真の聖人が出現してさえ、「四海共和、無疆治休」が実現するのではなく、その「源を開きなむとす」るに過ぎないという表現とも符合する。

［7］注4参照。

［8］津和野藩では、大国隆正の進言に従って「国学」を「本学」と称したことについては、解題を参照。

［9］原文の「莫瑟」はモーゼだと思われるが、小アジアとしていることとの整合性は取れない。『百学連環』では、神学の「小亜細亜」の項に「都爾格領小亜細亜の教法をJews（猶太教）或はIsrael（伊色列）と称す」とあり、さらに猶太教（旧約全書）はMosesの記載せしものなり」としている（『西周全集』第四巻、一二九―一三〇頁）。小アジアとアラビア半島を混同しているのかもしれない。

［10］原文の「反もなく側もなく、偏もなく党もなく」は『書経』洪範の「無偏無党、王道蕩蕩、無党無偏、王道平平、無反無側、王道正直」に基づく。「適もなく莫もなく」は『論

語』里仁「君子之於天下也、無適也、無莫也、義之与比」に基づき、主観的な好悪を持たないこと、情のこいうすいの差がないことを意味する。「可もなく不可もなく」は『論語』微子「我則異於是、無可無不可」に基づき、「一定して容認するものもなければ、一定して容認しないものもない」ことを意味する。「行く所に行き止る所に止りて順正ならさるはなし」は『易経』艮・象伝の「時止則止。時行則行」と『礼記』楽記の「順正」に基づく。いずれも儒学の古典に基づいているものと思われるが、以上の出典を踏まえた厳密な訳文にはしていない。

〔11〕平田篤胤は、天狗や妖怪といった怪異現象に強い関心を持ち、『仙境異聞』『古今妖魅考』『新鬼神論』などを書いている。『仙境異聞』の天狗小僧・寅吉は、杉山僧正に連れられて幽冥界に行って修行したことになっている。「老法師の出番を待つ必要などなく」というのは、このことを念頭に置いた表現かもしれない。

〔12〕原文の「稗史」は、『百学連環』ではRomanceの訳語として「能く歴史に類似せるものにて一種の異なるものなり」「一種の小説物にして、其実事よりも其形容を大に飾りて記載せるものなり」とされ、さらにFableについて「凡そ歴史に似たるものを以て稗史とし、話になしたるものを以て小説とす」とされている（『西周全集』第四巻、七六―七七頁）。

〔13〕『百学連環』ではMythologyを「古伝」とし、「神代の分明ならさる怪事を口伝に就て記せるものなり」「古伝はTradition（口碑）なるものに就て記せる所にして、太古国建ちて未タ文字なるものなき時代唯タ人の口伝へに依て後世に言ひ伝へしものなり」としている（同上、七七頁）。

〔14〕『古事記』に描かれた神話は、「天地初発之時」に「高天原」に「天之御中主神」「高御産巣日神」「神産巣日神」の三柱の神が現れたというところから始まる。平田系の国学ではこの三神が「造化」に関わる神々として重視され、続いて出現する二柱の神とあわせて、

『古事記』では「別天神」と呼ばれる。次に「神世七代」と呼ばれる神々が現れる。その最後に成ったのが「伊邪那岐神」「伊邪那美神」の男女の神で、この男女二神が日本の国土と神々を生む「国生み・神生み」の神話が続く。伊邪那美命は火の神を生んだことによって焼け死ぬが、その後も伊邪那岐命は神々を生み続け、その最後に「三貴子」と呼ばれる「天照大御神」「月読命」「建速須佐之男命」が生まれる。なお、「高皇産霊神」と「高御産巣日神」は表記の違いであり、同一の神を指す。

[15] 『百学連環』ではTraditionを「口碑」としている（『西周全集』第四巻、七七頁）。

[16] 平田篤胤は、我が国の古の道が世界中に伝わって、その痕跡が世界の古い伝説に残っていると主張した。

[17] 平田篤胤は、天地初発のときに高天原に出現した高皇産霊神・神皇産霊神の二柱の産霊の大神の霊力によって宇宙が創造されたと考え、記紀神話に見られる天（アメ）・地（ツチ）・泉（ヨミ）という三つの世界を、太陽・地球・月という三つの天体と捉える。また、天は太陽であり、太陽の内側に高天原の国があって、アマテラスは高天原の君主であり、高皇産霊神・神皇産霊神の二柱の神も高天原にいると説く。

[18] 原文の「造物主」を、英語でcreator、ラテン語でcreator、オランダ語でSchepperという。

[19] 「禹の洪範五行の説」は『書経』洪範にある。ただし、「洪範九疇」という言い方はしても「洪範五行」という言い方は通常はしないので、西周はとくに「五行」を物質科学の道理に関わるデタラメな概念と捉えて批判していると考えられる。

第3章

百一新論

解題

　一八七四年に出版された『百一新論』は、西の思想ならびに本書の内容に関心を持った山本覚馬（会津藩士）が、熱心に出版を勧めることによって成立したものであることが分かっている。しかし、原稿や執筆に関わるメモ類が残っていないこともあって、執筆時期や執筆の経緯などについての確定的なところは不明である。森鷗外『西周伝』によると、原稿自体は京都時代に執筆されたものだという。一八六五年十二月にオランダ留学から帰国した西は、翌年九月から一八六七年十二月まで、京都滞在中の徳川慶喜に呼ばれて上京していた。京都時代というのは、この頃のことを指している。かりにそのとおりだとしても、その時代に執筆していた原稿をそのまま出版したのか、それとも出版に際して加筆修正を施しているのかは、確定しがたい部分が残る。

　内容的には、政教一致という前提にたつ儒教の政治観を批判し、政治と道徳あるいは宗教とは別物であるとする主張であり、「政治と道徳との分岐」「政教分離」の重要性を説く議論のようである。為政者自身の優れた人格、徳によって治めるという儒教における徳治は、過去においては有効性を持ち得たかもしれないと西も述べる。しかし、人知が発達してくるに従って徳治は有効性を失い、いまや、政治は徳ではなく法に依拠して行わなければならないという。このような発想を単なる西洋思想の紹介として展開するのではなく、朱子学の言説や荻生徂徠らの説を、ときには批判的に踏まえながら展開しているところに本書の特徴があると言えるだろう。伝統的な思考の延長上に可能な発想と、西洋思想を摂取することによってはじめて可能になった発想とが、一定程度まで意識的に区別されていたことの証左であり、西洋思想に由来する発想を、儒教の教養のなかで消化吸収し、表現しようとしていたということでもある。

ただし、内容的に読み解き得る上記の要約とは異なり、タイトル自体は「百一」つまり「百教一致」であり、冒頭で発せられている「問」からしても、明言されている本書のメインテーマは「百教一致」である。しかし実際には、その趣旨が継続的に論じられることはなく、むしろ「教」と「法」とを混同してはならないという議論こそが繰り返されている。「百教一致」と述べるときの「教」を仮に上位の「教」とするならば、それを構成している下位の「教」と「法」との二つの要素を区別して考えるべきだという問題に焦点が移っているのである。上位の「教」ではなく、より下位の「教」こそを注視し、それと「法」との区別、そしてまた、「一致」ではなくて相違の強調こそが前面に出てしまっていることをどう捉えるべきだろうか。「百教」は「一致」しているという議論こそが本書の趣旨だとすれば、うまくそれを展開できなかったということになる。あるいはまた、最初から本書の趣旨は「教」と「法」との区別にこそあったとするならば、以上の分かりにくさは、論述のための戦略に基づく副作用なのかもしれない。本書が「教」を軽視する議論として拒否されることを防止するために、「教」の重要性をも付言するために、「百教一致」という議論を方便として差し挟む必要がある、そういう理解が西にはあったのかもしれない。「教」と「法」との両者を含むより上位の「教」の次元では「一致」するという議論は、決してメインテーマではなかったという読解である。どちらの議論として解釈するかは、読者次第であろう。

　山本覚馬が本書序文で述べているように、“philosophy”の翻訳語として定着している「哲学」という語が公刊された書で用いられたのは本書が最初であり、西が（日本における）「哲学の父」と称されるようになったのはそのためである。西は“philosophy”に対して最初から「哲学」という訳語をあてたわけではなく、一八六一年に津田真道「性理論」に寄せた跋文では「希哲学（ヒロソヒ）」という語を用いていた。翌年の「松岡隣宛書簡」においては「ヒロソヒーの学」という表現が用いられ、同年の「西洋哲学史の考案断片」では「ヒロソヒ」と「希哲学」との両者が併用されている。一八六三〜一八六四年頃のものと推定されている「開題門」においては「斐鹵蘇比（ヒロソヒー）」と表記されており、一八六四年頃までの間は、「哲学」という語は用いられていなかった。「希哲学」という漢字を用いた翻訳語にすべきか、音だけをとった表記として「ヒロソヒ（ー）」「斐鹵蘇比」とすべきかで迷っていたということだろう。本書所収の「洋字を以て国語を書するの論」においては、日本語そのものをアルファベットを用いて表記すべきことを提唱し、そのメリットとして、西洋由来の新しい専門用語の類はアルファベットを用いた音表記にするだけでよくなり、翻訳語を考案する苦労がなくなるとする点を挙げていた。「ヒロソヒ（ー）」や「斐鹵蘇比」という表記法も、それに類するものと思われるが、西は少なくとも当面、漢字を用いた翻訳語を確定させることにした。「ヒロソヒ（ー）」や「斐鹵蘇比」の側ではなく「希哲学」の側に偏りつつ、「希」の文字を取り払って「哲学」という訳語を考案したのである。「哲学」が用いられたものとしては、『百一新論』のほか、一八七〇年の「復某氏書（某氏に復するの書）」や同年頃に私塾育英舎でなされた講義の講義録である「百学連環」があり、その後、一八七五年の「人世三宝説」、一八七七年に出版された『利学』などを挙げることができる。「哲学」の使用が、「百学連環」の一八七〇年以後頃のことであることが確定できるのであれば、本書の原稿は、後に加筆や修正が施されたうえで出版されたということになる。しかし逆に、本書が京都時代に書かれたまま加筆修正がなかったということが確定するのであれば、「哲学」という語の使用は、一八六六〜一八六七年に開始されたということになる。『西周哲学著作集』の編者である麻生義輝は、京都時代に執筆した原稿のまま、後の加筆修正がなされずに出版されたとしている。それに従えば、後者ということになるが、根拠は判然とせず、現時点では確定させ得ない。「哲学」という訳語の成立過程については、菅原光『西周の政治思想』補論を参照していただきたい。

百一新論序

「教」と「政」との「理」が混淆し、「心理」と「物理」も交錯してしまい、それぞれ両者の違いは明らかではなくなってしまった。このようにして学ぶ者たちが惑う状態が数千年も続いてきた。私の友人である西周氏は、まさにこのことを憂え、哲学によって「政」と「教」との違い、道理が分岐するところを明らかにして世人の惑いを解こうとして、本書を著した。書名の「百一新論」というのは、百教一致という意味を込めて付けられたものである。

この書を読んで、私は、ようやく「政」と「教」との区別が明らかになったと大いに喜んでいる。古今の歴史を通観してみると、「政」と「教」とが並行しているときには国は文明に進み、そうでなければ野蛮に陥っていることが明らかである。したがって、よくこの道理を理解していれば、「政」が間違いを犯すことはないし、「政」と「教」とが対立し合うこともない。しかし逆に、このことを理解していなければ、「政」と「教」とは矛盾し、逆の方向へと進んでしまい、文明は衰退し野蛮に陥ることになろう。その意味において、本書は、国家にとっても役立つ部分が相当にあるだろうと思う。

西氏は和漢はもとより、西洋書をも講究し尽くし通じているが、問われれば答え、問われなければ黙すというような、真面目な無骨者である。そのため、彼の知見の深さを知る人は少なかった。もしも西氏の著作が公刊されたならば、古今東西の知識を消化し再構築することによって形成された彼の知見が公にされることになる。本書は、その始まりに過ぎないけれども、その一端をうかがうことができる。本書は本邦初の哲学書として意義が大きい。そこで、私は本書を刊行して公にすることを請うた。よって、この序言を記した。

明治七年二月一日　山本覚馬撰

友人南摩綱紀書

巻の上

問　先生は常日頃から、百教一致という説を主張していると聞きましたが、本当ですか？

答　そのとおりですよ。あえて主張というほどのものではないのですが、諸々のことを考え合わせてみると、百教というものも結局のところは一致しているという思いに至り、友人たちとの会話の際にそんなことを述べたことがありました。それで世間では、私がそんな主張をしていると伝わっているのでしょう。

問　もしもそのとおりであれば、ぜひ、その一致ということについて詳しくお聞きしたいと思っていましたが、やはりそうでしたか。

見識が浅く知識も狭い私のような者にとっては、百教はそれぞれまちまちであり、一致しているなどとは、どうしても思えません。わが国には神道という教えがあり、中国には孔子の教えがあり、老荘の教え、そこから変化した道家の教えなどがあると聞きます。インドには古くはバラモン教があり、後に釈迦の教えがおこりました。近頃はまたバラモン教が復権していると言います。釈迦の教えは、インドではなくチベットやモンゴル、中国や日本でこそ普及しています。もしも教えがみな一致しているのだとしたならば、盛衰も隆替もあるはずがないのではないでしょうか。

また、インドより西の国々ではイスラム教という教えが盛んで、トルコ、ペルシャなどがこの教えを奉じていると聞きます。西洋の国々では、キリスト教の司祭たちは、夏に雪を降らせたり、冬に花を咲かせるといったいろいろな不思議な魔法を使い、その魔法で他国を奪い、その教えを広めるといったことをしていると聞きます。私たちが邪教、邪宗門と呼んでいるものですね。そのような魔法を用いる外道の教えもまた、神道や儒教などと同じだというのでしょうか？　とてもそうは思えません。

そのほかにも、ユダヤ教という教えがあり、キリスト教のなかもさまざまな宗派に分かれています。それはちょうど、儒教にも朱子学、陽明学、徂徠学などがあり、仏教のなかにもさまざまな宗派があるのと同じです。このような実態を考えてみると、百教千岐とは言えるとしても、一致とは到底言えないように思うのです。なのに先生は一致とおっしゃっている。これは一体、どういうことなので

答

しょうか？

なるほど、あなたの言うように、それぞれの名称を列挙していくならば、さらにもっともっと数多くの「教」があって、とても数えきれるものではないでしょう。いずれの「教」もほかの「教」との違いがあると思えばこそ、名称を変えているのでしょう。そうではあるのですが、その異なるところはともかくとして、その趣旨ということを考えれば、すべてに共通するものがあると言える。だから、一致と言うのです。

議論をする際には、議論に用いる語の意味を明確に定め、全体の文脈をおさえるのでなければ、意味ある議論にはなりません。自分が思うところを一方的に主張するだけで、テーマになっている事柄の是非を細かく吟味することができなければ、水掛け論にしかならないのです。それでは、適否が分かるわけもなく、結局のところ、声の大きさや弁舌の巧みさによって勝敗を決めるだけというようなことになり、真の是非を明らかにすることにはつながらないでしょう。私が百教と言っているなかには、あなたが挙げたような種々の教えがあるけれども、いたずらに数多くのものを掲げるばかりでは何も明らかになりません。「百」という字は、「凡百」というように用いられることがあって、「すべて、なべて」という意味を持ちます。つまり、百教の「百」は「すべて、なべての教え」ということを示すために付け加えた語ですからとくに説明はいらないでしょう。それに対して「教」という用語は、種々の意味を含んでいる文字が使われていますので、そう簡単に説明し尽くせるものではありません。また、句末の「一致」というのは「百教」を受けた用語です。あなたが言うように、千差万別の教えがあるからこそ百教というわけですが、その百教の趣旨、究極的な意味を考えれば同一に帰すからこそ一致というわけです。百教が百致、一教が一致ということならば、何もわざわざ言うまでもないことです。一つは一つ、百は百、水は冷たく、火は熱い。いずれも、三歳の小児であっても知っている当たり前のことです。そんなことは、何もあえて言う必要もないことでしょう。

問　おっしゃることは分かります。一教が一致であるということは当たり前のこと、百教が百致になることも当然ですね。しかし百教が一致するなどということが本当にあり得るのでしょうか。私はまだ半信半疑です。いまのお話によると、「教」という用語は実に多くの意味を含んでいて、一朝一夕には説明しがたいということとでしたが、まさにその「教」という用語の意味を定めていただいたうえで、順を追ってお話を承りたいと思うのですが、いかがでしょうか。

答

そうですね。同じく「水が冷たい」という表現にしても、その水が井戸の水か水道の水かでは違いがあるし、同じく「火が熱い」と言っても、炭の火と蠟燭の火とでは強弱の差があります。「教」という用語についても、同じことが言えます。ここで論じようとする「教」という用語は、このような意味において用いるというように明確に定義した後でなければ、正確なお話はできません。御依頼に応じて、まさにそこからお話を始めることにしましょう。

「教」という用語の意味は、素読を教える場合であっても手習を教える場合であっても、剣術・三味線などを教える場合であっても、学ぶ者がいて、それに対してその道を授ける者がいるからこそ教えるというわけですが、ここでの「教」はそういう場合とは違って、もっぱら、人の人たる道を教えるということを指す用語として用います。『孟子』滕文公上篇に〈衣食住が満たされているだけでは、人の道を貫徹したことにはならない。人の道を全うするためには、その上に教が必要である。教がなかったならば、禽獣と同じである。だから、堯と舜という古代中国の偉大な王様が契という人物に司徒という役目を与え、父子は睦まじく懇ろにせよ、君臣の間には義理を立てて筋の違わないようにせよ、夫婦は睦まじくはしながらも馴れ馴れしくはしないようにせよ、兄弟姉妹は長を敬い幼を憐れんで次序を乱さないようにせよ、朋友同士は信を本として偽りのないようにせよ、といった五倫の教えを説かせた〉とあります。『書経』に基づく議論です。「教」の条目それ自体は時代ごとに異なるものなのでここでは論じませんが、「教」という用語の意味は、そこから察せられます。『易』観象伝には「聖人、神道を以て教を設く」とあります。ここでの神道が何を指しているのか、明確には分かりませんが、いま私たちが使っている「教」と同じ意味を指しているものとして受け取ってもよいでしょう。いずれにしても、人が人であるための道を教えることに限定して「教」という文字を使っています。後になると「名教」と言って仁義忠孝などの名目が設けられて教えられるようになりました。これもまた、いま、私たちが用いている「教」と同じ意味です。

ちなみに、和訓ではこの字を「おしへ」と読みますね。古くから「おしむ（愛しむ）」と語源を同じくし、人を教えるとは人をいつくしむことを意味すると言われています。なるほどそんなところかも知れません。日本語のニュアンスとしては必ずしも人の道に限定されないのですが、さしあたりこの訓に従ってよいでしょう。「教」は「おしへ」と読んで、人の人たる道を教えるという意味だとご理解ください。

「教」という漢字を西洋の国々の言語に翻訳するとするならば、フランス語の「モラル」(morale)、英語の「モレル」(moral)、ドイツ語の「シッツ」(Sitte)、オランダ語の「セイデ」(zede)という語に当たり、いずれもラテン語の「モス」(mos)、つまり「風習」という意味を持つ単語を語源としていますが、いまでは、人道の教を指すようになっています。しかし、この「教」という語の意味を少しでも取り違えてしまうと、「レリジオン」(religion)のことになってしまいます。この文字は、直訳すれば祭祀、宗祀のことです。西洋書の翻訳書では、これもしばしば「教」と訳されていることがあり、「～の教」、「～の教門」、あるいは「～の法教」などと表記されたりしています。祭司は人の道の根源に関わるものなので、確かに宗教と「教」との関係は深いのですが、しかし、ここで論じている「教」はもっぱら人道の教を指しますので、祭祀に関わるレリジオンとしての教、すなわち宗教とは区別しなければなりません。

ここまでの説明によって、「教」という語の意味はおおよそ定まってきたように思いますが、それでもまだ十分ではありません。なぜかというと、「人の道を教えること」として「教」という語を定義してみても、人の道のなかには人を治めるということも含まれますので、人を治める仕方である「政」との混同という問題が生じ、大きな誤りが生じることがあるからです。「政教一致」という言葉がありますね。これは、とてもうまい言い方なのですが、意味を少し取り違え、「政教一途」と誤解する人も多くいます。朱子の『大学』の序に、〈堯・舜などの聖人たちが天命を受け、天道を奉じて人間の大黒柱を示したときに、億兆の民の君主とも教師ともなって、治めて教え導いた〉とありますが、これがまさに「政教一途」ということです。大昔においては、教えることも治めることもだいたいのところでは一つでした。中国ではいまでさえそうで、儒学者たちはみな、そのように考えています。だからこそ、これを説き砕かなければならないのです。そもそも、「政教一致」について考察してみようというテーマは、このように混乱した考えを破るには最適のテーマです。なぜかというと、「政」と「教」とは、本来は別々の二つのものだったからです。別々のものということでなければ一致と言う必要もありません。「政」「教」という別の二つのものであることを前提にして、しかし、その帰するところ、趣くところの目的が同じであるということで一致と言うわけです。政治をするのと教えるのとでは、まったく方法が違うわけですが、両者ともに、人の世をできるだけよいものにしたいと考えていること、民をして生を養い、死をとむらって、一生涯を安楽に暮らさせるのみならず死後の心配もないようにさせようとするという点では、まさに帰するところの目的は一致しているわけです。それで、孔子の道、それから儒者の道では、この点が曖昧になってしまいがちなのです。しかし、政と教とはもともとは別々の二つのものであることは明らかなので、ここをしっかりと踏まえなければなりません。

そもそも儒者の道においては、実に政と教との考えが混雑し過ぎています。その病根は、『大学』で、修身・斉家・治国・平天下と言って、自分自身の身を修める道と、人を治める道とを一つながりのものとして表現しているのを、後世の儒者は見誤り、己さえ修まれば人を治められる、自分自身の誠意・正心ができれば天下はおのずと平らかになる、と思い込んでしまったことにあります。治国・平天下の事業は、学問など一切せず、政策を実行した際の利害得失を事前に検討してみるなどということをしなくても、格物・致知・誠意・正心ということさえできれば、自然にできることだと思い込まれてきてしまったのです。それでは、禅宗の坊さんが座禅をするようなことによって政治をなし得ると考えるのと同じで、実に取り違えの甚だしいものと言えます。しかし、『大学』が意図していたのは、上に立つ者自身が不徳であったならば、下々の民に示しがつかなくなるので、まずは自分自身の身を修めることも大事だと言ったまでのことで、治国・平天下のための方法論として語ったわけではないのです。『大学』の伝十章の治国・平天下の条には、財用を制するための心得についてのわずかばかりの記述はありますが、そのための方法については少しも論じられていません。『大学』はおそらく、孔子門下に伝えた心得書の類なのでしょう。周代の大学で用いた書だという朱子の理解は疑問です。『周礼』などを見るに、文物がたいそう備わっていた周の世のことですから、大学で教えたのがこんなことばかりだったわけではないだろうと思います。後世の儒者が見誤ったというように話してきましたが、このような見解は孔子のときから始まっていた部分もあることからすれば、後世の儒者はそれを受け継いできたという部分もあります。

試みに『論語』全二十篇を見てみますと、世の中が衰退していく現状を前にして、孔子は心からそれを歎き、真心から救おうとしたことは明らかです。孔子は、諸国を遊歴して、どうにかして王様を助け、政治を立て直したいと思っていました。それは、『論語』陽貨篇に出てくる、中牟という町で謀反を企てた仏肸（ひっきつ）という人物からの招聘に応じようとしたエピソードでも明らかです。謀反を疑われるような人物からの招聘に応じようとしたということは、それだけ実際に政治に関わることを欲していたということなのでしょう。しかし、『論語』全体のなかに、王様を補佐して政治をする方法についての記述があるかと言えば、それは少しもなく、国家を治めるための心得程度のことが書いてあるのみです。孔子が衛という国の出公輒の補佐をすることになったならば、どうやって治めたのでしょうかね。単に「名を正す」という心得ばかりでは、どうにもならないはずなのですがね〔1〕。

『論語』全二十篇をみてみても、孔子一門で第一に重要視されている「仁」という概念について弟子が質問した際には、常に顔淵篇にあるような「克己」とか「大賓を見るが如く」とかいうように、修己の方法についての答えしかありません。そこを理解できなかった弟子の子貢が、まさに政治をする方法に関わるような質問をしたことがありました。『論語』雍也篇にある〈もしも博く施し衆を済うということができれば、それは仁と謂うべきではないでしょうか〉という質問です。この質問を投げかけられたときでさえ、孔子は〈仁者というものは、自分の身を立てようと思うときには、自分だけではなく人をも立たたせ、自分が理想の極致に達したいと思ったら、人をもそこに達せさせるものだ〉というように、修己の工夫という文脈で答えるばかりでした。この問答などを見ても、修己さえできれば、治人は自動的になされると誤解してしまった後世の儒者と同様だと言えます。しかし、孔子ほど有名で門人をたくさん抱えていた人はいません。そんな孔子が、修己の工夫といったような話以外をせず、ほかには何の能もなかったなどということはあり得ないでしょう。しかし、だからといって、釈迦やイエスのように、孔子が説法をして人々を教化したというわけでもないようです。説法による教化もせず、修己の勧めぐらいの話しかしていなかったとすれば、なぜあんなにも孔子のもとに門人が集まり、有名になったのか、不思議なものです。そこで、司馬遷を参照してみましょう。司馬遷は、まだまだ孔子についての言い伝えなどが残っていた頃の人で、孔子の門下には「六芸」に通じている者が七十二人もいたと

『史記』孔子世家に記しています。これを踏まえれば、孔子が有名で、弟子もたくさんいたのは、六芸というものを教授していたからだということが分かります。六芸というのは、周の時代の士人の心得るべきもので、『周礼』には、礼・楽・射・御・書・数と記されています。孔子がこれを教授していたのは、『論語』に「文をもって友を会す」(顔淵)、「学んで時にこれを習う」(学而)、「芸に遊ぶ」(述而)、「行余りあれば文を学ぶ」(学而)、「われは御を執らんか、射を執らんか」(子罕)などとあることからも、明らかでしょう。そのあいまに、『論語』にあるかれこれの物語や、今日のことについての心得になる話などもされたのだろうと思います。

六芸のうちでも、「射・御」というのは、いまで言えば、鉄砲を打ったり馬に乗ったりすることを意味するもので、士人の業のうちでは賤しい部類のものであったようです。「数」というのは、算術のことで、日用のうえでも、国政に関わるうえでも、学術のためにも必要なものですので、六芸のうちに含めて教えたものと思えます。「書」というのは、いまの手習いとは違って字義についての学問だったと見え、漢字の造形の分類や爾雅のような辞書類の学問があります。さらに、『論語』先進篇で子路が「書を読むことばかりが学問ではない」と言っているのを見ると、さまざまな古書を誦読することもそのなかに含まれていたようです。

「礼・楽」のうちの「楽」というのは、琴瑟鐘鼓のような楽器を扱うことや詠歌、舞踏などのことで、みだらで下品な音楽と雅正な音楽との違いはあれども、三味線を弾き歌を歌うのと同じことです。周の時代には非常に流行したようですし、西洋でもギリシアでは音楽も随分と発展したようです。文明の栄えた周の時代には相当巧妙なところに至っていたと推測できます。とはいえ、所詮は音楽です。後世の儒者のようにもったいぶって、「礼楽は天下を教化してよくする第一の道具なのだから、ぜひとも古楽を再興させなければならない」などと、実用にならない世間知らずの議論を吐くのも困りものです。飽暖安逸を実現した後には、耳目の欲へと向かうのが人の世の当然の成り行きですから、音楽を求めてそれを楽しむのは結構なことです。とはいえ、それは芝居を見たり喇叭(ラッパ)を聞いたりでもよいわけで、古楽だけを特権化させるのは馬鹿げています。もっとも、音楽は人の心をよく動かすものですから、あまり淫らなものや残忍なものはやめたほうがよいでしょう。あとは好みの問題です。

このように六芸について詳しくお話しするのは、あとに残った「礼」のことに焦点を定めたいからです。周の時代においては「礼」という文字は、極めて広範な意味を持つものであって、天下の統治のあり方に関わることのみならず、一国一家の風習に関わることまで含め、なんでもかんでも、少しでも秩序だったものであれば「礼」といったようです。後世で言うならば、天下の大制度はもちろんのこと、「律令格式」のことも「礼」と言いましたし、立ち居振る舞いや飲食の作法、料理の仕方までもが「礼」に含まれていたようです。祭祀や軍事、外交、さらには冠婚葬祭に伴うさまざまな儀式のことも「礼」と言いました。『周礼』『儀礼』『礼記』は三礼と総称されますが、『周礼』は周代の官制を記した書物、『儀礼』は朝廷の儀式、『礼記』は瑣末な、ときの風俗まで挙げて記してある書物です。そのなかでも、諸々の儀式はまさに礼という文字にかなっており、後世では礼部と呼ばれる礼楽などを総轄した官庁が、これをつかさどりました。礼の旧字体である「禮」という文字は、示偏に「豊」という文字ですので、「神に豊饒祈願の供え物をする」という意味です。いまで言う儀式という意味によくかなっていると言えるでしょう。しかし、そのほかの二通りは、単なる儀式というだけの意味ではないので、区別して見なければなりません。

『春秋左氏伝』隠公十一年の「礼は国家を経し、社稷を定め、民人を序づ」、桓公二年の「名はもって義を制し、義もって礼を出だし、礼もって政を体す」、あるいは諸々の断定のことばに見える「礼なり」とか「礼にあらざるなり」とかいうときの「礼」は、後世で言う国法とか法律という意味です。孔子は、この「礼」というものに深く博く達した人でした。『春秋左氏伝』昭公七年に記されていることですが、魯の大夫であった孟僖子が病にかかって死ぬ間際に二人の息子に孔子に師事するよう遺言を残したというエピソードからも明らかです。孔子は当時まだ若かったけれども、彼が礼を好み学んでいるということが知られていたからこそのことです。歴史的事実として正しいかどうかは分かりませんが、孔子は十九歳のとき、衰えたとは言っても天下の首都なのだからということで、わざわざ周に行って老子に礼を学んだ、とあります。この人物が『老子』の著者と同じかどうかは定かではないのですが、いずれによせ「礼」こそが六芸のうちでも一番難しいものであって、政治をするためにはぜひとも学ばなければならないものであったことが分かります。

孔子はまさに、この意味における「礼」の達人でしたので、『論語』学而篇に「この国に至るやかならずその政を聞く」とあるように、為政者による政治についての相談に乗ることがしばしばでした。『論語』為政篇では「夏の礼、殷の礼、周の礼」、『論語』衛霊公篇では「夏の時、殷の輅、周の冕」[2]について弟子に語っているように、門人に対する教育においても、主眼としていたのはまさに「礼」でした。荻生徂徠が「先王の道は礼楽のみ」とか「道は先王の道だ」などと言っているのも、そういうことを念頭に置いてのことです。そういうわけですので、孔子の道を学ぼうと思うならば、仁義道徳の説のことはともかくとして、歴代の典章、文物、制度、律令にこそ関心を持って学び、その利害得失を考えたうえで、現実の政治に適用するということこそを学問だと心得なければなりません。しかし、後世の儒者は、この最も重要なことを、逆に枝葉末節に過ぎないと誤解するのみならず、それは利益目的の卜劣な功利の学だなどとして罵ることもありました。彼らは、性命道徳を講ずることこそが正道だと考え、『論語』で語られている内容の中でも、通り一遍の教訓のようなものを孔子の学の本領だと取り違えてしまっているのです。そこで、『大学』の八条目[3]について、こじつけた理解をし、身が修まりさえすれば自動的に大下が平らかになるなどと考え、身が修まるもとは心を正しくし、意を誠にするといった心得だとしたり、果ては居敬だとかいう理屈をこね、静坐の工夫がどうのこうのと言っては坐禅でもしなければならないと考えるような羽目になったのは、何とも大きな間違いであったと思います。いまの世で孔子の学を本当に学ぼうと思うならば、本邦の制度、中国の制度はもちろんのこと、近年では西洋諸国の制度や政治の方法をも講明して実際の政事に活かすべく、どの制度や方法が一番適切かというように研究に研究を重ねることが重要です。

とはいえ、仁義や道徳、性や心を論じる議論が孔子の道になかったというわけではありません。むしろ、孔子はその方面での元祖だったとさえ言えるでしょう。孔子以前にも、その方面の達人がいたかもしれませんが、少なくともその記録は残っていません。いたとしても、きっと孔子ほどの達人はいなかったでしょう。韓愈という唐の学者は『原道』において、儒教の道を伝えてきた者として堯、舜、禹、湯、文、武、周公らを挙げていますが、彼らは仁義や道徳、性や心を論じた人たちではありません。彼らは政によって世を治めた王であり、先に述べた礼楽方面の達人なのです。孔子は、実地に施す機会こそなかったとはいえその方面にも詳しかったと見えますが、それだけでなく、弁舌のうえでも、十人や二十人ぐらいの人々を教化し得る能力を持っていたようです。そのことは『孟子』公孫丑上篇に、「東西南北から七十人もの人が集まってきて孔子先生に心服した」とか、「生民より以来、夫子のごときはあらず」とあるように、門人たちが孔子の偉大さを称えていることからも分かることです。『孟子』尽心上篇には「過化存神の妙」などとあって、徳は高く行は至極であって、才能、学識ともに豊かな人だったので、人々は孔子を見て感化され、教えを聞いて奮い立ちました。ある賢者が孔子を「木鐸」に譬えたのも、もっともなことでした[4]。孔子のこの側面は、釈迦やイエスも有していたものに過ぎませんが、しかし孔子の場合は、「政治学者」という表の商売があったので、二人とは異なります。そのうえ、孔子は生まれつきこだわりのない人だったので、自ら進んで元祖として店を構えようとはしませんでした。『中庸』では〈索隠怪行、われこれをせじ〉、つまり、普通では思いつかないようなとっぴな道理をこしらえたり、奇怪な行為を行ったりはしないなどと言われていますし、『孟子』離婁下篇で「仲尼（孔子のこと）は甚だしきことをせざるものなり」などと言われていますので、この辺から、その人柄が分かるというものです。

しかし、仁・知などといった題目を掲げ、君子と小人との区別を立て、人の行動に表れた過悪のみならず心のなかの過悪までをも取り除くべく門人を導いていたことについては、『論語』二十篇に明らかです。しかしこれは、孔子自身が意識的に行ったことではありません。多くの門人のみならず、世間の人々に教える機会も多々あったので、自然に表向きの商売ではない話が表に出てしまって、門人たちによって記録されて広まっていったまでのことです。そうこうしているうちに、中国のみならず東方世界に大きな影響を与える儒教の教祖として認められることになったのです。孔子は不世出の聡明な人でしたから、心を論じさせても、「性」について説かせても、その右に出る者はいませんでした。現代に置いてすらゆるがしがたい確説だってあります。とはいえ、これは孔子自身が意識的に展開したことでも、孔子の本領でもなく、言わば表向きの商売とは異なる内職であったというように理解する必要があります。そうでないと、後世の儒者のような間違いが生じることになるでしょう。

さて、周の世も次第に衰退していき、孔子没後わずか五十年ばかりで、礼楽は散り散りに残欠していきました。孔子自身は歴代の制度を研究し、東周を再興しようと考えていましたが、その孔子でさえ、晩年に至ると、『論語』述而篇にあるように、〈私の衰えも甚だしくなってきたので、周の制度を定めた聖人・周公旦を夢に見ることもなくなってしまった〉とか、『論語』公冶長篇にあるように〈道が行われなくなってしまったし、その復活もおぼつかないので、もう、筏に乗って外国にでも行こうか〉などと言い出すほどでした。孔子の孫である子思の頃になると、制度・文物を研究して天下を再興しようなどという思いは、もはやほとんど失われ、祖父に当たる孔子にとっては内職に過ぎなかった方面にばかり力が入れられるようになってしまいました。そこで子思は『中庸』という書を著してもっぱら道徳のことを語り伝え、それが孟子に伝わったわけですが、その頃は、もはや孔子の時代とは大きく隔たっています。孟子のような秀でた才能を持つ人物であっても、周王朝の典章・文物については、概略を学び得たくらいであったように見えます。だからこそ、『孟子』万章下篇にあるように、北宮錡という人物が周室の爵禄の制度について質問した際に、孟子は、〈いまとなっては、その詳細は分からない。諸侯が、そのような法度があると自分の害になると思って書物を棄てしまったからである。しかし私は、かつて、その大略を聞いたことがある〉というようなことを答えました。要するに、大略しか答えられなかったのです。『孟子』滕文公上にある滕の文公に説いた井田・喪祭のことも、大略のみでした。大略ではなく制度の詳細を研究しようと思っても、もはやそれは不可能でしたので、性善とか仁義礼智といった題目を説き、王政と覇政とかいう区別を立てて天下に唱えることにしたのです。そしてまた、孟子の頃になると、儒教に反するさまざまな異端の説（楊朱、墨翟のほか、管仲らの功利論、申不害・商鞅らの刑名論、蘇秦・張儀らの合従連衡論、神農流、騶衍流などなど）が表れてきて、それぞれに門戸を張って自分たちの説こそが正しいと主張し合うようになっていました。そこで孟子は、孔子のようにおとなしくしているわけにはいかず、あたかも日蓮の辻説法のように「孔子流仁義礼智、人の性は善なり」などと言って儒教を宣伝するかのような活動を行わなくてはならなくなったのです。しかしときの信仰と合わず、そのような努力をしてもなお、ほとんど効果を挙げることはできませんでした。韓愈は、楊・墨らが勃興する状況のなかで、孟子の努力にもかかわらず、努力した千のうちの十、百のうちの一しか残らなかったと述べています。結局、孟子は骨折り損の末に、どうしようもないので、『孟子』七篇というお経文を書き残すことにしたのです。子思から孟子まで、孔子の内職の店のほうは流行したものの、本店のほうはもはや潰れてしまったと言えるでしょう。

だからと言って、内職の店と本店との関係が完全に切れていたわけではありません。本店が潰れるとき、本店の品物を出店のほうへかつぎ込むということをやりました。その結果、出店で商う品物で本店の商売までやってしまおう、つまり仁義道徳によって、教化だけではなく天下国家まで治めてやろうと考えるに至ったのです。本来、本店は法律制度、出店は仁義道徳と、たとえるなら呉服と酒ほどに扱う商品が違っていたのに、両方ともお得意様が同じく武家や大名だったので、扱う商品が変わった後も商売形態を変える気にならなかったのです。こうして、本来は人の教化を目的にする道徳によって、人を治めるということまでやってしまおうという、奇妙な学説ができあがりました。道徳を説き、人の人たるの道を明らかにするという点では同じでも、釈迦やイエスらとの大きな違いは、ここにあります。西洋の古代に類似した事例を求めるならば、孔子は、イエスなどではなく、ソクラテスやプラトン、アリストテレスにこそ比すべきでしょう。

いずれにせよ、以上のような事情によって、子思・孟子の学問は、孔子の正流とは異なったものになってしまったということを理解しておかないと、間違いが生じかねないということは、お分かりいただけたものと思います。

さてここで、話をもとに戻しましょう。孔子のときには天下国家を治めるための道具であった「礼」というものが、孟子の頃になると名称を変えました。先に述べたように、周人における「礼」は三つの意味合いを持つものでしたが、祭祀や外交に関わる儀式という意味での礼は、孟子の頃よりもだいぶ前に廃れてしまっていました。『孟子』滕文公上篇にあるように、滕の文公が三年の喪を行ったとき、家臣たちはみな、あまりにも気違いじみたことと感じ、〈私たちの本家筋の国である魯の昔の主君たちも、こんなことを行ったりはしなかった〉などと言っていました。孔子の時代でさえ、「礼」というものは煩雑なものだと思われていたのですから、戦国期にもなると、誰もがそんなことは馬鹿馬鹿しいと感じて取り合わなくなるのは当然のことだったと言えるでしょう。また、「礼」のなかに含まれていた一つである坐作進退のお作法に関しては、時世に従って変化していったのはもちろんですが、戦国期の気風のなかで、煩雑さが省かれるようになり、人々が質実に戻っていきました。それは、まぁ、よいことだったとも言えるでしょう。

さて、「礼」のなかには、〈天下国家を治めるための制度・典章〉という意味も含まれるという話でしたね。この部分は、後世になると「礼」のなかのほかの諸要素から分離して名称が変わり、「法」と呼ばれるようになりました。

諸子百家が盛んに活動していた時代には、諸子百家がそれぞれの立場から天下を治めようという主張をしていましたし、各国の諸侯は、その上に君臨する天子によって制せられるという状況ではなくなり、各国はみな、独立国となっていたので、外交面では他国を攻め伐つこと、内政では法律をも勝手次第に改変するなどし、さまざまな制度を立てて統治しようとしていました。そのなかで、申不害・李悝・商鞅・韓非らが唱えた刑名法術と呼ばれる学は、君臣上下の分から日常的な社交に関係するルールを定めたものとして、周王朝のときには「礼」と呼ばれていたものに相当します。孔子もこれを学んでいたようです。孔子が「刑名の学」を学んでいたなどとは普通は言いませんので、そう言われると意外に思うでしょう。もちろん、申不害や商鞅らが自己流で立てた残酷に過ぎた「法」と、歴世の聖賢の手を経てできあがってきた「礼」との間には大きな違いがあります。しかし、天下を治めるためには大きなことから小さなことまで決まりを設けるということ、決まりを破った者がいれば罰して治めるという点では同じことなのです。それは、心を説き性を論じて人の心を戒めるというあり方とは、まったく異なるものでした。

たとえて言うならば、米と麦との共通点と相違点というような話でしょう。堯舜禹らが治めた「三代の礼」を米の飯であるとするならば、申不害・商鞅らの「法」は麦の飯です。米の飯と麦の飯とでは味には優劣があるにせよ、飯であることは同じで、空腹を満たし、体を養うという目的を持っている点では同一です。他方、米の飯と同じく米が材料であったとしても、作り方が違えば米は酒になります。酒の場合は、空腹を満たし体を養うという目的を持っているわけではなく、人を酔わせ歓ばせるための嗜好品です。

先に、孔子は本店のみならず裏店をもオープンしており、子思や孟子は、もっぱら裏店のほうを継いだというようなたとえ話をしましたが、それと同じことです。同じく三代の聖人が用いた米ではありながら、それで酒を作ったのでは、その用途は飯とは別のものにならざるを得ません。子思や孟子たちは、酒を商っていたと言えるでしょう。それに対して申不害・商鞅らの「法」は、材料が米ではなく麦だったとも言えましょうし、精米度合の足りない米の飯であるとか水加減が悪い飯だとか、ひき割麦が半分以上も混じった飯だとか、麦ではなくて粟や稗が混じった飯だとかにたとえることもできます。それは確かに、味に違いはあるにせよ、米の飯の代わりになるものではあるのです。それは、周の時代の、大きくまとめて言われていた「礼」ではなく、戦国時代頃に「法」と変名したものなわけですが、それでもなお、天下を治めるための道具立てであったという点では同じなのです。時勢が移ろい、人の意見がいっそう開化していった結果、「礼」のなかから「法」を発明したと言ってもよいでしょう。

　司馬遷が『史記』太史公自序で「法家は厳にして恩少なし。しかれども君臣上下の分を正すは改むべからず」とか、『史記』老子韓非列伝で「韓子縄墨を引きて事情に切に是非を明らかにす。それきわめて惨礉、恩少なし」などと述べていますが、天下国家を治めるための飯の用を果たし得るということは否定できません。それは、麦飯に比すことができます。申不害・商鞅ら当人の末路はともかくとしても、治績があったことは間違いありません。彼らの学を継いだ李斯も、秦の天下統一に立ち会い、古を範としない新しい仕方、法を制し令を下すことによってそれを助けました。秦がともかくも天下を掌握し、かつてない大事業に成功したのは、「法」の力によるものだったのです。

秦の法は、劉邦のもとで宰相を務めた漢の蕭何、蕭何の死後に宰相を務めた曹参らによって伝えられました。蕭何は、李悝が著したとされる『法経』六篇をもとにして刑罰の掟に関わる十篇に編纂しましたが、これは天下を治めるための法に通じたものです。漢の時代、記録を担当する法に詳しい役人のことを「刀筆の吏」と呼び、蕭何はもともと刀筆の吏で、曹参もそのもとで働いていました。それは下級の役人ではありましたが、古典の一字一句にあくせくしていた儒者たちと比べるならば、実際にどちらが世の中の役に立ったかは明らかでしょう。

漢の高祖（劉邦）が、秦の孝公が都に定め、始皇帝が大都城を作っていた咸陽に入った際に、それまでの苛酷な法をすべて廃止し、殺人、傷害、窃盗のみを罰するという法三章だけを定めるという約束をしたことは有名です。とはいえ、漢の時代が始まると、秦の制度に倣った改革などもなされましたし、刑法も三章だけで足りたわけではなかっただろうということは、周の時代の肉体を傷つける刑罰が、漢の文帝のときまで伝わったのを見れば推測できます。蕭何が咸陽宮から持ち出した地図や書籍、帳簿の類のなかに、格式などの細かな規則も含まれていたのでしょう。

漢のときになると、法と礼とが別れて二通りのものになりました。礼と言えば、漢の高祖に仕えた叔孫通が作って、野外に縄を張り茅を立てて練習した儀礼・儀式のことを言い、天下を治めるものは法と言いました。それは、古代の人が水を水という一元素によって成り立っているものと考えていたのに対し、現在では、水素と酸素との二元素に分けて理解しているようなものです。周の時代にはなんでもかんでも礼と言っていたわけですが、礼はもっぱら儀式のこと、天下を治める制度・典章のことは法というように腑分けするようになった後世の発明のほうが評価できます。

問　なるほど。おっしゃることは、だいぶ分かってきました。しかし、法と礼とが同じものだという先生の説については、いまなお納得がいかない部分があります。私などが聞くところでは、堯や舜といった先王たちは礼によって天下を治めたからこそ、人民が喜ぶ政治を実現できたというではありませんか。後世の法による

答

統治などはそれに及ぶべくもなく、うまくいった場合でさえ、せいぜい天下を失わずに済んだという程度なのではないでしょうか。

そうです、まったくそのとおりです。私がこれまでお話ししてきたのは、まさにそのことだったのですよ。

礼も法ももともとは同じものであって、始めには礼と名づけられたものが後になって法に改名したと申し上げたのは、時代の推移に従った説明でした。もっと細かく言うならば、春秋の時代までは勤めていた「礼」という名の親父が死去したものの、跡継ぎ息子がいなかったため、「法」という名の養子が跡を継いで働くようになったというように言えばよいでしょうか[5]。しかし、いずれにしても、礼も法も、天下を治めるための道具として機能するものだという点では同じなのです。

『春秋左氏伝』昭公二十五年に、晋の宰相であった趙簡子が「揖譲」と「周旋」といった挨拶や立ち居振る舞いの礼について問うたとき、鄭の宰相であった子大叔が〈これは儀であって、礼ではない〉と答えたとあります。簡子が〈では、礼とは何のことなのか〉とさらに問うたところ、子大叔は、〈そもそも礼というものは、恒久不変の天の道に則るものであり、事の宜しきを得る地の道に則るものであり、人の踏み行うべきものです。つまりは、天地の常道ともいうべきものであって、民は実にこれを手本として従うものなのです〉という子産の言葉を誦し、さらに長々と大げさな話をしていますが、その時代の発想においては、朱子が定義したように、普遍的原理に基づいて立てた人の営みの規則のようなものを礼としていたことは間違いないでしょう。

しかし、人の営みの規則と言っても、天下国家を治めるための典章から一身の動作に至るまで、どちらも人間の営為には違いありません。そのなかで、三代の礼とか、『論語』子路篇にある「礼楽興らざれば刑罰中らず」とか、『論語』季氏篇では〈礼楽征伐、天子諸侯より出ず〉などと言われていましたし、『中庸』にある「天子にあらざれば礼を議せず」「その徳なければ礼楽作らず」などというときの「礼」とは、煎じ詰めてみれば、すべて制度・典章のなかでも「恭敬」を主とするものを指しています。『孟子』公孫丑上篇に「辞譲の心は礼の端なり」とあり、告子上に「恭敬の心は礼なり」とあります。ここが、王道と覇道との分かれ道でして、「恭敬」を主とする礼と後世の法とでは、氷炭水火ほどの違いがあるのです。

たとえて言うならば、同じく食事をするという場合であっても、礼のほうは数度の謙遜を経てからいただくといったあり方であり、法のほうはお辞儀などはせずに食いたいだけ食い散らかすというあり方です。同じく食事といっても違いがあります。『論語』為政篇では、孔子は〈これを導くに政を以てし、これを斉ふるに刑罰を以てすれば、民が苟も免れて悪をなさないけれど、悪を恥とは思はぬ。またこれを導くに徳を以てしてこれを斉ふるに礼を以てすれば、恥を知るどころか正しい所へも至るべし〉と述べていました。孔子がこのような認識をすでに持っていたことが、それと比べて『論語』八佾篇で管仲の器を小とする理由であり、『孟子』公孫丑上篇にあるように、曾西（曾子の孫）が子路を尊んで管仲を蔑視したこと、孟子が管仲・晏子（春秋時代の斉の宰相であった晏嬰）らよりも優れていると自負する理由となっています。しかし、管仲・晏子らの根本は政刑に過ぎず、徳化・礼楽には及ばないとする理解は、孔子学派の大きな偏見です。孔子が聖人であり、孟子がそれに次ぐ者であったとしても、このような偏見を免れているわけではなかったのです。それは、西洋に当てはめるならば、古を好む、古を信じる、古を尊ぶ、悪く言えば、古に泥むといった意味を持つ、正統主義（orthodoxie）とか保守主義（conservatief）と言えるでしょう。もちろん、このような偏見は、忠厚の人にとっては逃れがたいものだったとも言えるかもしれません。しかし、この弊習は、後世まで大いに害毒をまき散らしてしまったようで、孔子以後二十二代の王朝が続くうちに、幾人もの賢明な人も輩出しましたが、それでもなお古に泥むという毒に酔わなかった人はいませんでした。そうして、後世の儒者はみな、修己と治人とを混同し、政と教との区別もできないようになってしまったのです。孔子・孟子ほどの人が、そんな偏見を抱いていたというのは意外な感がありますが、その時代においてははっきりとは分からなかったこと、またやむを得ない事情があったようです。このことについては、後に「教」の話をする際に、再度、詳論したいと思います。

あなたが質問したとおり、礼と法とが同じものだとは言えないということは、孔子が述べる政刑と徳礼との区別によってもよく分かることです。孔子・孟子は、より一層の善でありかつ美でもあると言えるような政治は徳礼でなければ実現不可能だと考えていました。この二人が実際に政治の任に就くことができていたならば、徳礼の治が実現できたのかもしれません。しかし、孔子・孟子以後、三千年も経過した現在に至るまで、中国でも日本でも、あるいはベトナム・朝鮮であっても、徳礼の治は実現していません。もちろん、中国でも日本でも往昔から今に至るまでの間には、穏やかに治まって人民上下ともに安楽に暮らした時代も多くあったでしょうが、それは必ずしも徳礼によるものだったと断言できるわけではなく、政刑のおかげだったのかもしれません。天が善を嘉するのなら、〈なぜ、不公平や悪が現実世界には存在するのか?〉という、「天道是か非か」とする問いがありますが、まさにそのとおりです。徳礼の化に浴することができるのは三代の民のみであって、後世や他国の民は徳礼の化の恩恵を受けることはできないというのであれば、天は役目を果たし得ていないということになるでしょう。また、本当に徳礼の治が実現可能であれば、三代以降、これだけの長い間、これだけの広大な地域において、一度たりともそれが実現しなかったというのは、どうしたことでしょうか。どうやら徳礼によって人民を化して政治が行えるという発想は、孔子・孟子の心得違いによる正統主義（orthodoxie）にこだわり過ぎた寝言だったと言うべきなのかもしれません。もちろん、儒者に言わせれば、三代において徳礼の化が可能だったのは聖人がいたからであり、聖人がいない時代や国においては、それが何千年かかっても不可能なのは当然だということになるのでしょう。とはいえ、聖人とは何者でしょうか。せいぜい六尺ほどの体躯に、目は二つ、口は一つ、手足はあわせて四本ある、つまりは我々とさほど変わらぬ人間に過ぎないでしょう。それを、古書に載る麒麟や鳳凰、あるいは竜のような空想上の生き物のごとく、三代にのみ出現した超人のように捉えるのは、果たして妥当でしょうか。どうも、儒者は聖人を崇め過ぎていると言えそうです。そうやって聖人を崇め過ぎる態度は、実は聖人の本意ではないのではないかとさえ思うのですが。

それはさておき、徳礼の化と政刑の治とを比較してみるならば、天下国家を治めるうえでは政刑の治こそが正道です。徳礼の化というのは孔子・孟子の夢想に過ぎず、いまだかつて古今東西、実現したことなどなかっただろうと申し上げておきます。孔子・孟子の夢想に過ぎないという主張の理由について、以下、詳しく述べたいと思います。

三代の盛時であった周の第二代成王、第三代康王あたりまでの歴史と、その後、孔子以前までの春秋時代のときの開化とを見分けなければなりません。古中に「夏は忠を尚(たっと)び、殷は質を尚び、周は文を尚ぶ」という言葉があります。その忠や質というのは、当時の人民は質朴で文化が一様には開けていなかったことを指しています。『論語』先進篇で、孔子が「先進の礼楽におけるは野人なり」と述べていたのを見ても、周初の開けの程度が分かるというものです。さらに詳しく言うならば、文王の祖父にあたる古公亶父（たんぽ）が北方の異民族を避けて岐山のふもとで国を治めていたとき、古公亶父は文王の父にあたる季歴にこそ位を伝えたいと思っているのを感じ取った長男の太伯と二男の仲雍は遠方の呉へと脱走したそうです。彼らは、自らが位を得るために暗躍するなどということはまるで考えず、逆に、自ら身を引いたのです。殷の二十二代目の天子である武丁が若いときに書生となって民間におり、説（えつ）という名の聖人に出会った夢を見たので、この人物に自分を補佐させようとして方々を探させて傅（ふ）という姓を与え、天下を任せて衰えた殷を復興させたことも然りです。文王が渭陽に猟に出かけた際に会った太公望を連れ帰って軍師としたこと、伯夷・叔斉が、親の家督を譲り合って国を脱走したこと、虞（ぐ）・芮（ぜい）という小国同士が国境を争い、文王に裁断を仰ごうとして両国の君主が周に赴いたところ、その領内では農民たちがお互いに畦を譲り合っている姿を見て、国境を争っている自分たちが恥ずかしくなって立ち去ったといったエピソードなどなど、すべて、殷の中葉から周初の人々が単純素朴であったことが分かります。そんな時代に、文王の子である才能にあふれた周公旦が現われ、祖父の業に従って大まかに天下の制度を立て、それを礼と名づけたのです。人民の気風もよく、治める人も達人であり、制度の立て方も公平でした。すべて世の風習が寛厚忠実な時代であったからこそ、上下ともにやすらかにやわらぎ、『史記』周本紀に「刑措きて四十余年用ひず」と讃えられるような治世が実現できていたのです。

この頃までの殷・周の人々の風俗は寛裕敦厚でした。孔子が乱臣、賊子を戒めるために『春秋』を著さざるを得なかった時代とは大きく異なっているのです。堯・舜の禅譲はさておき、夏王朝の禹が子に王権を伝えてからは、天子に徳があるとか政治がうまくいっているというときには諸侯が天子に拝謁しに来たりもしましたが、そうでないときには、諸侯は天子に拝謁もせずその命令にも従わず、上に天子はありながらもなきが如しというのが普通でした。それはあたかも、古代ギリシアにおける連邦のようなものだったと思われます。連邦諸国のなかから豪傑が起こってヘゲモニーと言われるような強力な政治を行うようになると、近隣諸国が豪傑の国になびきました。それは、春秋時代の五覇と似たような状況でしょう。『論語』泰伯篇にあるように、孔子は文王を「天下を三分してその二をもって殷に服事す」と称しています。紂が文王に中国西部の支配を任せて西伯とし、方伯（諸侯の上に位して一方面を治めた大諸侯）・連帥（十ヶ国を取り締まる大諸侯）としたとはいえ、諸侯でありながらそれほどの権力を有するというのは、大きな嫌疑をかけられることになり、後世ではあり得ません。あるとすれば、曹操のような者ということになります。蘇東坡が曹操に「文王の道、文若の心」が認められると言ったのは誤りではないのです。しかし、時世がそうさせるということなのでしょうが、一方の文王は至徳の聖人と称せられるのに、曹操のほうは姦雄とされてきました。このようなことは、その時代の風俗を観て論じなければならないことです。暗君である晋の霊公に殺されそうになった趙宣子は逃亡しようとし、国境を越えないうちに霊公が殺されたと聞いて引き返しましたが、君主を殺した賊を討たなかったとして賊名を負わされました。春秋の時代のようにこのような厳しい詮議をするならば、文王も西伯を辞めて暴君、紂のもとで仁政などしないほうがよいという理屈も成り立つかもしれませんが、文王が至徳・聖人として通っているのは、殷から周初にかけての頃は、人の発想が大まかだったということなのでしょう。周の時代、昭王、穆王あたりから、周公のおかげで文化が進んできたため、春秋という乱れた世になっても、文化は世界にあふれ人もたいそう狡猾になっていきました。そうなってくると、かつての大まかな世は一変し、礼法や制度、文物などもことのほか煩雑になって、まるで犬が屁をしただけでも小言を言うかのような、やかましい浮き世となり、いまに至ると言えるでしょう。

少し以前までは、秦や南方の楚といった国は、本当の中国とはみなされませんでしたし、呉・越などは百年か百五十年以前には入れ墨をする風習があって、我が国の蝦夷人同様でしたが、春秋の頃からは、その辺の田舎からもだんだんと英雄が出現し、人材が輩出するようになってきました。それから周が東遷の後、二百四十余年を経て孔子の時代になりましたが、孔子でさえ、無自覚のうちに、古の大まかな風俗というものを失ってしまっていました。そこで、『春秋』のような、たった一文字の使い方にも褒貶の意味を込めたという本を書かなければならなくなってしまったのです。なんと細かい重箱の隅へ楊枝を入れるかのような時代になったのでしょう。周王朝の時代と春秋の時代とでは、大きな溝があるどころか世界そのものが違うとさえ言えるでしょう。周王朝の時代には、大まかな掟しかなくても人々はよくいうことを聞いておとなしく、寛裕敦厚でした。揖譲謙遜をする場合にも真心からしていました。それに対し春秋時代の人々は、揖譲謙遜は風習となっていたので嫌でもやらなければならないものとして、仕方なしになされていました。さらに言えば、周王朝の頃よりも知識も開けてきた時代なので、自分の分を食べられてしまったり取られてしまったりしてはたいへんだというように先周りして考えながらの揖譲謙遜になり、虚飾に過ぎなくなっていきました。だからこそ、かえってあれこれと、小言が言われるようにもなったのです。そんな状況があったからこそ、老子・荘子らは礼文が煩雑なのを嫌い、『荘子』胠篋にあるように、〈聖人が死ななくては大盗人がいなくなることはない〉などと言ったのです。周王朝の時代は幼い子どものようなもので、〈お辞儀をしてから食べなさい〉とか〈腹八分目にしなさい〉などと言われればそれを聞き入れたわけですが、春秋の時代は生意気盛りの二十二、三歳のようなもの、目の前の膳を逃すものかと思い、あわよくば飯盛り女の尻まで喰ってやろうと思っているぐらいなものです。とはいえ人目があるから腹の減らぬふりをしているだけという感じでしょう。そんな時代ですので、子どものようにお辞儀お辞儀と言い聞かせるのではなく、一人前の飯は六十四文、椀物に漬け物とを合わせれば二百五十文というように飯屋同様の流儀のほうが、気兼ねもなければ損得もなく、時世にあったやり方だと言えるのではないでしょうか。管仲のような人間は、まさに気の利いた男で、この理屈をいち早く見抜いていたのです。器量は小さかったかもしれないけれども、時を見ることが上手だったことは間違いありません。

政刑の治こそが徳礼の治の「跡取り」だというのは、そういうことです。政刑の治こそは治術の正道なのです。昔からいまに至るまで、文明国であっても野蛮国であっても、日本、中国、西洋、いずれの国であっても国を治めるためには政刑を用いないわけにはいかないのです。徳礼の治などというのは、わずかに古代中国の三代などのように、人文がまだ十分には開けていない状況でのみ可能だったに過ぎないと考えるべきでしょう。

もはや春秋の時代になると、徳礼の治は行われなくなっていたわけですが、孔子がどうしても徳礼にこだわったのは、正統主義の学風ゆえのことでしょう。このことについては、後に「教」のことを述べるときに詳論したいと思います。

春秋の時代になって徳礼の治が行われなくなったのは、自然のなりゆきであって孔子がどう頑張っても止めようもないことでした。さらには、申不害・商鞅らが、政刑の治の元祖として店開きをしました。政刑の治こそが治術の正道ですので、人が開化すればするほど、正道としての政刑の治の必要性が増すのは当然です。春秋時代の鄭という国の宰相であった子産は、孔子が最も尊敬していた政治家でもあり、なかなかに賢い人でしたが、その死の間際には子大叔に次のような遺言をしたそうです。

私の死後、必ずやあなたが国政を預かることになるでしょう。寛裕の政というのは有徳の君子でなければできないものです。常人は猛厳の政を採用すべきです。火は猛烈なものだからこそ、わざわざそこに飛び込んで遊ぼうとして死んでしまうなどといった者はいませんが、水は懦弱なものなので、油断して近寄り、遊んでいるうちに人を溺れさせ死に至らせることが多いのです。あらかじめ猛厳の政であることを示して政治を行うべきでしょう。

子大叔が国政を預かることになると、猛厳で治めるのをためらって寛裕の政を行いましたが、盗賊などが処々に出没するなど、国内の治安が乱れ苦慮することになりました。そのとき、子大叔は、〈もっと早くに子産先生の言に従っていれば、このような患はなかったはずだった〉と思い、兵力で盗賊を押し潰し、その後は猛厳で治めたそうです。孔子は、寛と猛で相互に補い合うという理屈を述べていますが、これは取るに足りないことです。子産が〈有徳の者は寛で治める〉と言ったのは、なお周王朝の古賢のことを思いやっての言葉であり、自身が実地で研究したところでは、いまや猛で治めるしかないのだと判断していました。ここが面白いところで、時勢がいかに変わったのかよく分かります。すでに政刑でなくては立ち行かない時代になったと、子産は見抜いていたわけです。

以上は『春秋左氏伝』昭公二十年に見える話ですが、それよりも先、『左伝』昭公六年には、子産が宰相を務める鄭では、刑書の内容を鼎に鋳つけて国の常法としていたとあります。それについて、晋という国の叔向という人物が、子産に長々とした批判の手紙を送っています。その大意は、〈先王の時代にも刑律はあったものの、それは民には秘しておいて、民が刑を犯したときにはじめて上から雷が落ちたかのように刑を行っていました。それに対し、刑律を鼎に鋳つけるなどということをしてその内容を公にして世間に出してしまったならば、民はそこに書かれている内容を根拠としてお上と争うということも出てくるでしょう。見つかりさえしなければ刑を犯してもよいと思ったり、巧みに偽って刑罰から逃れようとしたりする者も出てくることでしょう。刑書を民に向かって公にするなどということは、三代も衰えた末の時代になってはじめてなされたことに過ぎません。そんなことは止めるべきです〉といったものでした。しかし、子産はそれを聞き入れず、〈私は目前の急を救おうとしているばかりです。子孫のことまでをも視野に入れて政策を考えるなどという余裕はありません〉と応えていますが、叔向の正統主義を説得して改めさせるというほどではなかったにせよ、子産は実際に政治を行っている者の感覚として、刑書を秘しておいて政治を行うということはよろしくないことだと判断し、そんな答えをしたものと思えます。その後、二十四年目にあたる昭公二十九年に、晋の国でも趙鞅が范宣子の刑書を鼎に鋳つけた刑鼎を作っています。竹簡などより便利な法の公示方法として、当時流行ったのですね。孔子はそれを批判し、〈刑鼎などを鋳たならば、民が当てにするのは鼎ということになり、高貴な人の高貴なゆえんは鼎に取られてしまい、その職務を失うことになってしまうでしょう」と述べました。これはなんとも受け入れがたい主張です。高貴な人が刑律を秘しておいて権力をほしいままに振るい、民はこれに関わらせないようにしたほうがよいというのは、民とともに法を立て、君主が権力を行使し得る領域を法の範囲内に限定しようとしている現在の西洋のあり方と比べ、どちらが公平で、どちらが私曲だと言うべきでしょうか。『論語』泰伯篇の「民は由らしむべし知らしむべからず」という孔子の言葉が、程子が解釈したように「知らせてはならないということではなく、知らせたいと思っても知らせることができない」という嘆きの言葉だったのであればまだよいとしても、「知らせてはならない」という意味だったとすれば、孔子は人民を愚なる者と見る愚民観の元祖だったと言いたくもなります。

孔子よりも以前から、春秋の時代はこのようなご時世となっていましたので、徳礼の治などは、とっくに廃れていました。それは言わば、「お辞儀をしなさい」などと説教したところで誰も聞き入れないというほどに、人がみな、狡猾な世の中になってきたということです。お辞儀をし有り難いと感謝しながら食べなさいといったような道徳的なお説教をするよりは、一人前は四合五勺と杓子定規に決めておき、それよりも余計に喰ったなら拳で殴るぞと、そんな風な具合で物事を考えたほうが、時世に合うということになったのです。それもまた、自然なりゆきというものでしょう。耳も目も口も鼻もなかった「混沌」という中央の帝のために、南海と北海の帝が相談して、七日間かけて耳・目・口・鼻、合わせて七つの穴を開けてあげたという寓話が『荘子』応帝王にあります。その寓話では、「混沌」は穴を開けられ続けたことによって衰弱していき、七つめの穴が穿たれた七日目に、ついに死んでしまったとのことです。草昧な状態から抜け出れば人は狡猾になるということで、そのことを戒めた寓話なのだと思いますが、しかし、その狡猾を制する術ができたならば、混沌とまったく同じ状態ではないとしても、混沌のときと同様な正路に復することもできるかもしれないとは言えないでしょうか。狡猾そのものを敵視するのではなく、狡猾でありながらも秩序が保たれるための方策こそが、求められると考えてもよいのではないでしょうか。それなのに孔子は、この比喩に基づいて言うならば、知恵がつき始めたのを見るや否や、無理矢理に原初の草昧へと引き返そうとしているようなものです。ここでも、孔子の正統主義ゆえの弊が表れていると言えるのではないでしょうか。

春秋の頃でさえ、このような状況になっていましたので、まして戦国の世ともなれば、申不害・商鞅のような者が興るのは何の不思議もないこと、そしてまた、その必然性もあったというものです。たとえて言うならば、昔は天下を治めるための道具が礼という名の夏の「うちわ」であったとするならば、冬となったいまは「うちわ」ではなく、法という名の「こたつ」が必要になったというようなものです。法が礼の養子だと言っても間違いではないでしょう。

さて、ここからは、礼が形を変えた先の、「法」についてお話をしたいと思います。「法」という文字自体は古くからありますが、それは、礼には含まれていた恭敬や謙遜の意味合いを含まない、あえて言えば「制度」のことだと言い換えることもできます。『春秋左氏伝』にも「法」という文字は出てきますし、『孟子』離婁下篇に〈堯・舜、法を天下になして後世に伝ふべし〉とか『孟子』離婁上篇に〈徒法はもって政を為すべからず〉とあって、「法」という文字が用いられています。ここでの「法」は、恭敬や儀飾だのを煎じたうえで滓(かす)を取り除いたまじりけのない正味だけで、物事に決まりを立てるためのものという意味で用いた部分が多いようです。だんだんと世が開けていき、虚飾である辞譲とか謙遜とかいうものを人々が厭らしいもの、わざとらしいものと思って嫌うようになるに従って、礼ではなく法のほうがよいと思われるようになってきたからこそ、そのような用法が成立したのだと推測できます。『史記』商君列伝によれば、秦の孝公に任用された商鞅は、人々に非難されることを恐れつつもそれまでの法を変えようとしましたが、そのことをめぐって孝公の臣と議論しています。商鞅はそこで、礼と法とを交ぜて互いの長短を挙げつつ、礼や古法に従うことばかりがすべてではなく、民に利益があることが明らかならば、法を変えることも躊躇すべきではないと論じたのです。

法に依拠した政治ということを自らの流儀として自認したのは、申不害・商鞅らがはじめてでしたが、その頃は自分の流儀を声高に主張するご時世だったため、少しの違いであっても、それを強調して別々に名乗っていたのです。法家、名家などという区別はその程度のものだと考えてもよいでしょう。『史記』太史公序によれば、司馬遷の父親である司馬談は、「陰陽」「儒」「墨」「名」「法」「道徳」という六家の要旨を述べたところで、「法家は厳にして恩少なし。しかれどもその君臣上下の分を正すは改むべからず。名家は人を倹にしてよく真を失わしむ。しかれどもその名実を正すは察せざるべからず」などと述べております。法家と名家は、当時はこのように区別されていましたが、国をまとめるためにという大要においては同様です。法度を立てた人は、それを人々に示して名実を明らかにしなければなりません。名実を明らかにして立てられた法度にそむく者は、刑罰に処してでも懲らしめなければならないのは当然です。だからこそ申不害の伝には「黄老の学にもとづいて刑名を主とす」とあり、韓非子の伝には「刑名法術の学を喜(この)む」、商鞅の伝には「鞅少(わこ)うして刑名の学を好む」などとあり、刑と名を一つにして言っているのです。

法家、刑名の学が大いに流行したのは、商鞅が秦の孝公を補佐してそれまでの法度を変革し、覇者として六国を平定するための基礎を築いたからです。始皇帝が祖先の覇業を継承したとき、丞相にまで昇進した李斯は、孔子流の荀子の弟子ではありましたが、商鞅の遺志を継いで未曾有の業を起こしました。このときが、まさに法が礼の天下を奪ったときであり、漢、唐、宋、明、清というように時代が変わっても、それ以後の時代の統治はすべて法によるものになりました。日本でも、孝徳天皇、天智天皇らが模倣した制度は「政刑の治」でした。

儒者たちはみな、三代と言えば極楽世界のように思い、聖人と言えば弥陀如来のように思うようになっていますが、漢の時代以後は、徳礼の治は、隠居としては生きのこっているものの、腐れ儒者のほかには誰も見向きもしなくなってしまいました。漢の宣帝が、〈我々は儒術を用いるわけではなく、覇道をも交ぜて用いる〉と述べたのも、その辺の事情が反映されたものと言えます。三代の夢から覚めていなかった程子は、〈漢・唐は力によって天下を保っていた〉として批判的に述べていますが、それは木馬で稽古した感覚のみによって実際の政治を考えようとしているようなものです。実際に天下という生き物に手をかけて乗り回さなければならない立場になかったからこそ言える空言というものでしょう。

以上の議論によって、法は礼の養子であるということが、おおよそご理解いただけたのではないかと思いますが、一つだけ付言しておきたいことがあります。それは、ここまでの議論では、申不害、商鞅、韓非子、李斯といった、法の発明者とも言うべき人々を称賛しているかのように見えたでしょうが、悪く意味を取り違えないでほしいということです。もちろん、法でなくては天下は治めがたい。

法ではなく礼だなどと言ってはあまりにも古風に過ぎますし、その点では、申不害・商鞅らの見識は孔子・孟子を凌いでいると言ってよろしいとは思います。しかし他方、申不害、商鞅、李斯らが立てた法が素晴らしい法であったとは言えません。彼らが立てた法は、君を尊び臣を賤しむことを突き詰めたような法であって、法の立て方という点で言えば、実に悪むべきものでした。専横な君主がしばしば起こって、幾千万とも知れぬ人民が無念にも残虐をこうむったりすることがあったのは、まさにこのような法を後世に至るまで改めなかったからこそのことです。法を用いつつ、法の立て方は至善にとどまるように改革するべきだったのですが、誰もそのことに気がつきませんでした。とはいえ、それを申不害・商鞅らの罪とするのは酷でしょう。やはり孔子や孟子の頃からの、その国の風習というものがあるのです。結局、人の奴隷たるを好み、人としての権利を失っても何とも思わない国柄なのでしょう。だから申不害・商鞅らが立てた法から、時代はくだって唐律、明律、歴代の制度に至るまでを見回してみても、極めて素晴らしいと言えるような法は、現実には少なかったと言わなければなりません。しかしだからと言って、法それ自体が悪いというように考えるべきではありません。あくまでも、天下を治める際には法によらなければなりませんし、そうなったのは天が与えた人智が自然にそうさせたからで、聖人が再び興ったとしても、それを変えることはできないでしょう。法という字ができた世以後は、人を治めるうえでのことはもっぱら法によらなければならなくなりました。礼を人の営みの規則と呼べば修己のことも治人のことも内包するわけですが、法は、少しも修己に関わらず、法は教のことにはそれほど関係を持たない。法を以て人を治めるのと、教で人を導くこととは、二つに分かれた別々の道なのだということはご理解いただきたいと思います。

巻の下

問　戦国時代になって、かつて周の人々が「礼」として認識していた事柄に含まれていた要素のなかから「法」の部分だけが取り出され、それが天下を治めるための道具になったというお話は分かりました。しかし、「法」が修己のことには関わらず、「教」とはまったく別物なのだという議論については、まだ納得できません。さらに詳しくおうかがいしたいものです。

答　古代ギリシアにおいても、周の時代と同じように「教」と「法」とは混合していたようです。律法が整い始めたローマの中葉以後になってさえ、なお「教」の考えが混じていたようです。国際法の嚆矢とも言うべきオランダのヒューゴ・グロティウス (Hugo Grotius) の『戦争と平和の法』においても同様です。「教」と「法」とは、その本源を異にするのだとはじめて主張したのは、一七〇〇年代の終わり頃、公法・自然法の専門家であるイギリスのジェームス・マッキントッシュ (James Mackintosh) でした。つまり、「教」と「法」とを区別して考えるようになったのは、ほんの七十年ほど前からのこと、まことに新しいことなのです。とはいえ、それは理論的にも分類されるようになったのがいつ頃のことなのかという話であり、実際的なところで言えば、もっと早くから、「教」とは区別された「法」が機能していたと言えます。それは紀元前に遡り、モーゼ（Moses）がイスラエルを治めたのも、リュクルゴス（Lykourgos）がスパルタを治めたのも、ソロン（Solon）がアテネを治めたのも、法によってでした。彼らの事績は、周公が礼を制し、聖徳太子が憲法を作ったことなどと並べ称して差し支えないでしょう。

しかしここでは、理論上の問題に焦点を定め、「教」と「法」との区別という議論の趣旨をお話ししたいと思います。「法」は人を治める道具であり、「教」は身を治める道具であると区別して申し上げることができますが、しかし、いずれも「心理」上のものであって、人間本性の根源に関わるものですから、混同が起こりやすいし、勘違いも生まれやすいと言えます。なのでまず、「法」と「教」という、それぞれの名称が何を主としているのかということで見てみましょう。「法」は「正」、「教」は「善」という文字を主としているというように区別することができます。もちろん、正しいことが善いことだ、善いことは正しいことだというように言うこともできそうですが、この点こそが間違えやすいところで、必ずしもそうとはかぎりません。「みな」という文字を加えて考えてみるとよいのではないでしょうか。「善いことは、みな正しい」「正しいことは、みな善い」とは言えないからです。正しいけれども善いとは言えないこともあるし、善くても正しくはないということは、あり得ることです。

たとえば、陳の司敗が孔子を辱めようと思って、孔子に〈ご主人である昭公は礼を知っておられるのでしょうか〉という質問をしたとき、孔子は〈よくご存じでござる〉と応えたという『論語』述而篇の話を想起してみてください。昭公は同姓の呉の国から妻を迎えておりましたが、同姓の妻を娶ってはならないという礼の規定があり、昭公が礼を知っていると言えるわけがないということになりますので、司敗はあえて意地悪な質問をして孔子を辱めようとしたわけです。孔子はその意図をよく分かったうえで、あえて「よくご存じだ」と応えました。そして後から批判を受けたときに、孔子は〈私は幸せ者だ。私もまた考え違いをすることがあるが、こうして人がそのことを教えてくれるのだから〉と述べました。孔子は君の悪を顕すこともなく、それでいて、礼に違った行為を礼にのっとっていると強弁するわけでもなく、自分の心得違いということで話をまとめたわけです。君の悪を顕さないのが臣下にとって善いことだと見るならば、孔子のやり方は、確かに善かったと言えます。しかし、それが正しいことだったとは決して言えません。正しくあろうとしたならば、孔子はまっすぐに〈いや、ご存じではないようです〉と言わなければならず、君の悪を顕すという臣下にとってあるまじき言動をとることになったはずなのです。

あるいはまた、『論語』子路篇の次の話を持ち出してみましょう。葉公が〈わが党に正直な人がいます。その者は、羊を盗んだ父親のことを羊泥棒として訴え出たのです〉と述べたのに対し、孔子は〈私の郷里で正直者とされるのは、それとは違っています。父は子のために隠し、子は父のために隠し合います。その隠し合うなかに、正直さがこもるのです〉と述べました。これも同じことで、あったことをあったと言い、ないことをないと言うのが正しいことなのです。父が盗んだのならば、私の父が盗みましたと言うべきであって、それが正しいあり方です。しかし、それが善いことなのかどうかは別物かもしれないということを示唆するエピソードです。以上、二つのエピソードは、正しいことがすべて善いことだとはかぎらないし、善いことがすべて正しいことだともかぎらないということを示すものでした。このように見てくると、正と善とがまったく同一のものというわけではないということが分かってきます。「善いことと正しいこととが一致する場合も多い」というぐらいに表現するのが論理学的に正確な言い方と言えるでしょう。人間性に関する問題としては同じだとしても、その根元が違っているので、現在では、それらの行為に対して、正を主とする「法」と、善を主とする「教」との、二つに別れるのは当然なのです。このことを心理学（性理学）の知見に基づいて言い直すならば、善は「意」に、正は「知」に基づき、「意」は「仁」を、「知」は「義」をその実質とするということになりまして、ここからまたいろいろ難しい議論が出てきます。きちんと理詰めで考えていけば、決して揺らぐことのない論にたどりつくことができるのですが、いますべき話ではないでしょうね。話が少し脱線してしまいました。いまは正と善の違いから法と教について理解を深めることが目的でした。

　いまかりに、正を形あるものにたとえてみます。路や線をイメージしますと「直」（曲がっていない）という価値が、土地や水のように広がりのあるものにたとえるなら「平」（均等）が、その平面上においてどこにも影がないところを見ますと「公」

（無差別）が、連想されます。このような正直公平という発想こそが、法のもととなるものです。司馬遷が『史記』老子韓非子列伝において、〈韓非子は墨縄で引いた線のようにまっすぐに法律を定めた〉と言ったのは、実によく言い得ていると言えるでしょう[6]。いかにも法というものは尺金（さしがね）同様で、少しも曲がったり、筋違ったり、緩んだり、歪んだりしてはダメなのです。

次に、善についても考えてみましょう。これも、形あるものについて言えば「美」、それが事物に顕れた姿で言えば「能」、事物の性質について言えば「好」となります。ですから、善という発想は「美」「能」「好」といった考えと通底しており、善美能好という考えこそが「教」のもとになるのです。まんまるな宝玉のように、上下四傍どこから見ても少しも歪みがなく、透き通っていて一点の曇りもなく塵も付着していない、たとえて言えば、そんな状態です。

この正直公平と善美能好は、その究極の状態を形容したものです。人間には自然にこの究極の状態に到達することのできる性が備わっていますが、これは心理学の議論なので、ここでは話しません。正直公平と善美能好とを主として教を施し、法を制しようとしても、その主意が異なり、ときには齟齬することもあります。「法」と「教」とが、それぞれに関係する領域を見てみると、「教」は、君臣・父子との関係などはもちろん、自分一身の身の処し方から、死に至るまでの極めて広い人間の行い、あるいはさらに、禽獣や草木土石のようなものに対してどのように対処するかということなどまで、あらゆる行いに関係します。それに対して「法」は、君臣、父子、夫婦、兄弟の関係とか、金を貸した人と借りた人との関係とか、雇った人と雇われた人とか、物を貰う人とあげる人とか、人間が人間と関わるうえでのこと、つまり社会的関係性にのみ関わります。

餅を焼くことにたとえてみましょう。二十個とか三十個とかいうような大量の餅を焼かなければならないような、宴会の場を想定してみましょう。その場合、普通は、炉火の上に金網を載せてその上に餅を置き、焦げる前に上下をひっくり返しながら焼きます。網を使わずにすべての餅を炉火に投じてしまったならば、まるで火が通っていない生焼けの餅もあれば、黒こげになってしまう餅も生じてしまうでしょう。もちろん、網の上でひっくり返しながら焼いたからといって、なかなかふっくらと焼けるとはかぎりません。絶妙の焼き加減にするには、火加減にもよほど気をつけて焼かなければなりません。たとえて言うならば、この火加減というのが「教」に相当し、網の上で順番に餅をひっくり返すのが「法」に相当します。大量の餅をすべて焦がさないようにひっくり返しながら焼くのは「法」の力、一つ一つの餅のなかまでちゃんと火を通す火加減が「教」の力だということになります。つまり、「法」こそが始めとなり「教」は終わりとなるものです。二つのものは両者ともに必要なものの、「教」を先にするとか、「教」のみで行うとかいうわけにはいきません。「法」を用いないで「教」のみに依拠するというあり方は、餅焼きの比喩でいうならば、餅を一個ずつ火箸で挟んで、炉火の上であぶるようなものです。確かに、一個の餅を絶妙な加減に焼いた究極の焼き餅を焼き上げることができるでしょうが、いかんせん時間がかかり過ぎるのが難点です。そんな、居候が盗み出した餅を隠れて焼くような焼き方をしていれば、三十個もの餅を焼き終えるまでに一体何時間かかってしまうことでしょうか。三十個もの餅を、一度に振る舞うためには、網に載るだけの餅を載せて、順繰りにひっくり返して焼くしかありません。この焼き方では、すべての餅がなかまでふっくらと完璧に焼けているとはかぎらず、とても究極の焼き餅などとは言えないでしょう。しかし、少なくとも上辺から見たかぎりでは焦げてはいないし、生のままでもない。総じて、うまく焼けているかな？と見えるようであれば、御の字と考えるしかありません。同じように、天下という餅を焼く、つまり天下の人々を治める際には、政刑の治こそが必要だということです。網を用いることによって大量の餅を一度に焼けるようになったのと同じように、政刑の治によって、天下の人々すべてを統治することが可能になるのです。しかし、三十個のうち何個かはなかが実は生焼けであるということがあり得るように、政刑の治によって統治される人々すべてが、なかまで完璧な、立派な人間になるわけではありません。だからこそ、絶妙な火加減の調整という「教」の要素が、さらに必要になってくるのです。「法」が始めをなし「教」が終わりをなすというのは、そういうことなのです。この点に、「教」と「法」との違いがあるのですが、ここは重要なところなので、さらに別の比喩を用いて説明を続けてみましょう。

先に、政教は二途なものだとはいえ、帰するところの目的は同じだと申し上げました。それはつまり、西洋の言葉を借りれば「ハルモニー」です。さまざまな楽器がいっせいに音を鳴らしても、決してばらばらにならず、一つの音色を奏でるように、人間の世界にも大きな調和をもたらすことが政教の目的です。『論語』

顔淵篇にいう、君は君らしく、臣は臣らしく、父は父らしく、子は子らしくのような状態ですね。法も教も、この目的のための手段という点では同じなわけですが、先行すべきなのは常に「法」です。たとえば、山から切り出したばかりの丸太のままでは柱にはなりません。丸太をそのまま柱にしてしまっては戸の立てつけもうまくいかず、隙間風に悩まされることになるでしょう。したがって、切り出したばかりの丸太は、まずは手斧を用いて四角に加工した後に、鉋(かんな)を用いて表面を綺麗に整えて柱の素材に仕立て上げます。そうして出来上がった柱を用いるからこそ、立て付けがしっかりして隙間風が漏れることもありません。ここでの手斧は「法」に相当し、鉋は「教」に相当すると言うことができます。手斧と鉋との両者が十全に役割を果たすことによって、立てつけをしっかりできるわけですが、同じように、「法」の役割と「教」の役割との両者が十全に果たされることによって、この世界に「大和」という大いなる調和をもたらし得るわけです。

この比喩から明らかなように、「法」と「教」、「手斧」と「鉋」との間には、先後の順番があります。切り出したばかりの丸太にいきなり鉋をかけるというわけにはいきませんし、手斧と鉋とを同時に用いるということもできません。手斧で荒く形を整えた後であればこそ、鉋を上手にかけることができるわけです。同じように、「法」と「教」との関係も、まず最初に「法」によって人の行動の大枠を整えることがまずは重要で、「教」によってさらなる善美な領域へと人を進ませるというのは、その次という順番でなければなりません。

もちろん、「法」も「教」も、正と不正、善と悪とを区別して境界線を引き、この線より右側は正であり善であるが、この線より左側に入ると不正であり悪の領域であるというように基準を示すといった役割があるのは同様です。しかし、「法」が指し示す正と不正、善と悪との境界線は、善の領域と悪の領域とが接触するギリギリの部分に引かれてあります。そのため、「法」における境界線をほんのちょっとでも踏み越えようものなら、それは即座に刑罰を課される対象になります。ところが、底意地の悪い人が、この境界線ギリギリ一杯のところで踏みとどまり、爪の先が境界線を越えないように境界線の上を通るならば、その心根の悪さは憎むべきものだとしても、境界線を越えていない以上は叱ることはできないのです。この点が、「法」が正・不正を基準にしていることとの最も重要なところです。

他方、「教」における善と悪との境界線は、「法」におけるそれよりも、二、三間も善寄りのところに引かれています。なので、ちょっと躓いたら思わず悪の領域に足を踏み入れてしまっていたなどということは起こり得ません。「教」が設定している線を意識してさえいれば、少しも危なげなく、正、善の領域でのみ過ごすことができるわけです。この点が、「教」の善美能好の本質であって、ここには「法」におけるような底意地の悪い人は来ることができず、みな、純粋な善人ばかりだと言ってよいと思います。

「教」のように線を引いておいたほうが、誤って悪の領域に足を踏み入れる可能性が低くて安心だ、「法」のように悪と善との境界線そのものに合わせた線を引くのはやめたほうがよい、というように思うかもしれません。しかし、この点こそが、考えておかなければならないところです。「教」は「法」と比べれば善寄りのところに線を引いていますが、そこから少しでも足を踏み出す者をすべて悪人とみなします。この基準で見るならば、世の中には随分と悪人と名指しされる者ばかり、人間のうちの過半数は悪人だということにもなりかねません。道徳仁義の重要性を説き、君子と小人との区別をあまりにも厳しくし過ぎますと、かえって苛酷に人を責め立て、お前は悪人だと難詰するような厳し過ぎる結果に陥ってしまいます。それでは、多くの人はそこまでのことはできないと考えて諦めるでしょうから、善へと向かう意欲を削ぐことになり、結果的に人を善導しようという意図にも反することになるでしょう。だからこそ、そこまで厳しく言い立てず、「法」の引いた境界線を犯すことさえなければ「不正ではない」と認めてよいのです。法の求める要求水準のほうが、「教」の設定するそれよりもだいぶ低いのですね。ですから、「法」によって治めるほうが、一見苛酷なようでいて、かえって寛大だということにもなるのです。こう考えてみますと、先に紹介した鄭の子産の水火のたとえなどは、なかなかうまいものだと思います。

いわゆる二十四孝、親孝行のお手本として次のようなことが言われることがあります。病気の親の糞を嘗めることができてはじめて親孝行なのだというような話だとか、亡くなった親が雷嫌いな人であったならば、その子は、夏の夕立の頃には始終墓所に詰め切らなければならないとか、親に年を感じさせないために、子どものような格好をしてバカげた芝居じみた振る舞いをするとか、親が食欲がなくて飯を食わないときには自分も我慢をして飯を食わないといった話です。もしもこれを額面どおりに受け取るならば、それらのことができない者は不孝者であり、処罰しなければならないということになってしまいます。しかし、本当にそんな基準で判断してしまえば、孝行な人間は全世界に一人や二人はいるかもしれないものの、それ以外のすべての人間は不孝者ということになるでしょう。「教」が設定する線を用いて人を治めるなどということは、到底できるものではありません。そしてまた、実際にそんなことを人々に求めるとしたならば、実はそれはおそろしい事態です。人はみな、働くこともできず、職業を失わざるを得ないということにもなり、天下中を愚か者ばかりにしてしまうことになるでしょうから。

しかし、これは「法」ではなく、あくまでも「教」の領域の話なので、親に事えて心を尽くすという趣旨を理解することが重要なのであって、実際には、そんなことを実践してはいけません。たとえば、病気の親の看病をしようと思っても、親の病気が伝染病の類であったならば、その糞を嘗めれば自分も感染してしまうでしょう。そうなったならば、親の看病などできるわけもなく、親を救うこともできずに、ともに無駄死にするだけになってしまいます。「教」が設定している線は、絶対に遵守しなければならないものとしてではなく、人を善の高みへと勧めるためのもの、そのために、いつも高いところに引いてあるものなのだと理解しなければなりません。

「法」の場合は、たとえば父母に危害を加えるとか、服喪中に結婚するなど、親に対する悪事として列挙されていることさえしなければ、通常の子の道にかなっていると認識します。これが、「法」が設定する線と「教」が設定する線との違い、「法」と「教」の違いです。あえて言うならば、「法」の治とは、善と悪との境界線に高札を立てておいて、「この高札の左側は悪の領域なので踏み入るべからず。もしも心得違いをする者がいたときには、境界線から左側にどのくらい入ったのかをはかり、その度合に応じた刑罰を科す」と威（おど）しの文句をかけておくようなものです。そしてまた、高札のあたりには見張り番をつけておいて、もしも境界線を越える者がいたならば、高札に書いてあるとおりに即座にその者を拘束して罰し、ほかの人々への見せしめにします。他方、「教」のほうでは、威すなどということはなく、見張り番をつけて罰するなどということもありません。つけるのは道案内人であって、いかにも得心のゆくまで長々と説教し、「左のほうへいくとおそろしいことになるぞ。右のほうに行かねばならぬぞ。そしてまた、右のほうこそが面白いぞ」というように解き明かすのみなのです。人を治めるためには

「法」でなければならず、善美能好の領域に人を導こうとするならば、「教」でなければならない、そのように「法」と「教」には違いがあるのです。

「法」と「教」との違いについて、さらに述べておかなければならないことがあります。「法」は外に顕れた行動について規制を立てるものであるのに対し、「教」は内に存する心に規範を示すものであるという違いです。家屋敷を例にとってみましょう。門の立て方や玄関前の様子、棟の高さ、白壁に海鼠壁（なまこ）など、どれもみな揃うように作るというあり方は「法」の治め方です。しかし、経済状態だってそれぞれのはずですから、内の造作に関してはみな違うはずです。その内の造作をいかに見事で美しくするかという領域は「教」の持ち前であり、「法」では内の造作をとかく言うわけにはいきませんし、逆に「教」は外の広狭高低などを制するわけにもいきません。「法」の治では、真底からの善人を作るわけにはいかないというのは、そういうことです。「法」の治に可能なのは、外見だけは十人並に外れたところはないということだけで、その内輪をみてみると、実に貧窮であり、畳は破れ、壁ははげ、唐紙があるところもあればないところもあるといったような見苦しい状態であるということもあり得るわけです。『論語』為政篇にあるように、〈刑罰による威しを用いて統治すると、民は法に外れるようなことをしないかもしれないけれども、必ずしも真底から悪事をなすことを恥だと思ってやらないというわけではない。だから、見つかりさえしなければそれでよいと思うようになり、見つかったら不運だったと思うだけである。それに対し、礼による統治を行うならば、民は悪事をなすことを真底から恥ずかしいことだと思って、誰に言われるでもなく、悪いことはしないようになる〉と孔子が述べたのは、まさにこのことなのです。「法」の治では、表向きは堯や舜のような面をしていても、内心は孔子の同時代人であった天下の大泥棒である盗跖（とうせき）でさえ恐れをなすような悪人が生じることもあり得るのです。あるいは、「法」の規定の抜け穴を探して、意図的に悪事をたくらみ、咎められれば法の文言を引いて堂々と言い逃れするような者もあり得ます。愚直な人こそがかえって狡猾な人のために騙されて、知らず知らずのうちに法を外れた行為をさせられることもあります。そんなとき、裁判官もまた、愚直なほうを可哀想だ不愍（ふびん）だとは思っても、どうにもできないこともあり得ます。狡猾なほうを悪む気持ちはあっても、法に外れていない以上は罰を加えることもできず、善悪が混在しているかのような状況が現れることになります。

これこそが「法の治」の弊であり、致し方ないものと認識するしかありません。しかし、だからといって「法」で治めるのをやめようなどと考えるのは、「羹に懲りて膾を吹く」の類です。「法」の治を廃するというわけにはいきません。「法」によって荒ごなしをしておいて、その後に「教」によって善美純粋の領域に至らしめると考えなければなりません。それなのに、最初から「教」のみによって治めようと考えたり、中途半端に「法」と「教」とを混じさせ、「虻蜂取らず」ということになってしまっては困ります。漢学風の学者は、戦争の最中でも「宋襄の仁」を主張するというような、そんな迂遠なところがありますね。これまでの説明で、「法」と「教」との区別がだいぶ分かってきたと思いますが、「法」の持ち前と「教」の持ち前との違いについて、さらにお話ししましょう。

「法」は人の性に基づくものであり、漢字の「義」とも密接な関係があるものですが、「義」というものは、あくまでも二人の人間関係において生じるものです。たとえば、臣となった者は君に仕える「義」があり、君となった者には臣を養う「義」があります。「義」に対しては「権」が対応しますが、中国では「権」と「義」との区別をせず、両者をともに「義」として捉えていました。しかし西洋では、両者は別物として認識されています。ここでは、西洋の考え方に即して、「権」という文字をも使ってお話しします。「権」という考え方自体は、儒教の経典にも存在します。たとえば、『論語』憲問篇の「義あってしかして後に取る」とか「利を見て義を思ふ」のほか、『孟子』万章下篇の「それこれを取るところのものは義か不義かといって」などという表現に明らかです。ここでの「義」は、「義」という文字を使っているとはいえ、与えるほうから述べる「義」とは違っていて、取るほうから述べた「義」ですので、まさに西洋の発想で言えば「権」に相当するものなのです。たとえば、臣は君に対して養を受ける権があり、君は臣に命じて奉仕させる権があります。以上のように、「権義」というものは人間が二人対すれば互いに生じるものなのです。たとえば、質を置く人がいれば置くほうの人と取るほうの人とに、それぞれに「権義」が生じます。置く人は預けた質物を損しないよう、期月まで保管せよと主張する権利があります。その代わりに、期月までには金を償い質物を受け返す義務があります。取った人には、期月までに利息をつけた金を償わせる権利があり、その代わりに期月までは質物を損じないように保つ義務があります。絵描きに画を描いてくれと頼む人と、それを受けた絵描きとの間にも「権義」が生じ、頼んだ人は期日までに画を描かせて受け取る権利がありま す。その代わりに、画を受け取った際には、料金を支払う義務があります。対して、絵描きには料金を支払わせる権利があり、期日までに画を描いて渡す義務があります。このように考えていくと、社会においては、「権義」に関わらないものは何一つないとさえ言えるでしょう。二人の人間の関係で考えるならば、片方に権利があれば他方には義務があるという関係、双方に義務もしくは権利があるという関係、あわせて四通りの関係があり得るということになります。したがって、「権義」というものが人間が生まれつき持っている「自愛自立」の心と響き合うならば、人がそれぞれに自分の権利を重んじて失うことなく、それでいて他人にも「自愛自立」の心があることを理解し、自分が他人に対して持つ義務をも重んじることができるでしょう。「権義」の関係を適切に維持することは、人智を発展させるための重要な政治的手段であり、文明の治にとって重要なことです。

しかし、あまりに「自愛自立」の心ばかりが先行し、権利を争うことが盛んになるようだと、他人の自愛自立の権利を侵し合って、義務を破り、権と義との調和が取れなくなってしまうことがあります。そのような弊害を防ぐためにこそ、

「教」というものがあり、権利を主張するほうの心を抑え、義務を重んずることに勉め、「権義」の調和が崩れないようにするのです。

たとえば、お湯を沸かすために、火の上に直接水をかける人はいません。火と水との間に薄い釜を介在させるのが普通です。このときの釜が「法」に相当します。しかし、釜さえあればそれですべてがうまくいくというわけでもありません。烈火の上に乗せた釜に水をなみなみと満たしてしまえば、水が吹き溢れて火が消えてしまうでしょうし、火が盛んなままにしておけば、水はいずれすべて蒸発してしまうでしょう。「法」の役割を果たしているものとして理解できる釜は、火と水との両方を支えているようなものですが、吹き溢れや蒸発を防ごうと思えば、釜を用いるというだけでは十分ではありません。火勢を弱くしたり、さし水をして水勢を減じさせたりするといった対処が必要になってきます。これが「教」に相当します。水が吹き溢れて火が消えてしまう、火が盛んなために水がすべて蒸発してしまう、という事態は、人々が自らの権利を主張し過ぎ、他人には義務を尽くすよう求めるという事態に相当します。それを防ぐためには、『論語』学而篇で言われるような、「温良恭倹譲」つまり、〈おだやか、すなお、うやうやしい、つつましい、ひかえめ〉といった態度が必要なわけです。それによって、大いなる調和を保とうというわけです。この点からすると、「法」と「教」とは相い助ける関係にあるとは言っても、それは単なる「相助」ではなく、「相反」の関係によって双方を成り立たせているもののようにも見えるのです。

以上のように、「教」というものも必要なものであることが分かると思いますが、それならば人を争わせることになる「法」などは不要であり、「教」のみで十分ではないかと早合点してはいけません。文明が十分に開けていない頃であれば、「法」と「教」とがまぜこぜになったような状況でもうまく治まることがあったようですが、文明が開けて人々の知が増してきて治めるべき範囲も増大してくると、「教」ばかりで治まるという状況ではなくなります。また、そんな状況で「法」と「教」との役割分担なしに混雑するようでは、治まるものも治まらなくなってしまいます。だからこそ、「法」と「教」、「修己」と「治人」との区別が必要なのです。「教」にばかり専念し、政治とは無関係なものになってしまっている仏教やキリスト教に対しては、それほどうるさく言う必要もないのでしょう。しかし、孔子の道はそうではありません。そこでは、この区別が明らかになりにくく、ややもすると両者は一途と考える人が多くいますので、くり返し強調する必要があるのです。孔子・孟子の時代においては、それもやむを得ない部分があったかと思いますが、程子や朱子の頃になってもなお、この区別が理解されていなかったのは困ったことです。その時代は仏教の影響を受けて心を説き性を論じるという習慣に染まってしまったことの弊害というもので、程子・朱子らは、天下国家を治めるための制度・典章などには関心を持たず、性理の論によって人々の心を治めようという教訓ばかりを盛んにしてしまったのです。『大学』の始めには「平天下」ということが言われているのですが、程子・朱子の学は、そこからはだいぶ離れてしまっていまして、もはやそれは仏教などと同じ「教門」つまり宗教と称して差し支えないのだろうと思います。それで天下が治まるというわけにはいかないのですが、まあそれでも、人々を教え諭す手だてにはなったことでしょう。しかし、陸象山を継承した王陽明の学ということになると、程子・朱子に輪をかけて宗教である度合が強くなっています。知行合一とか良知良能とか、もっぱら心の修養ばかりを心がけた彼らの説が治国平天下の役に立つわけなどありません。我が国の荻生徂徠が、「道は先王の道なり」とか「先王の道は礼楽なり」などと述べ、「秦以後の天下は法をもって治めたものゆえ『韓非子』などは読まねばならぬものだ」といってその注釈書を作り、明律の日本語訳などを著して律の学を開こうとしたのは、いまだ十分とは言えない部分もあるとはいえ、まさに「教」と「法」との区別をよく理解していたからこそのことだと言えるでしょう。そのほかにも、典故に通じていた新井白石や『制度通』を著した伊藤東涯、近頃では頼山陽先生などは、「教」ではない、まさに治国の術にも独自の見解があったようですが、そのほかは、宋儒の二番煎じをするばかりで新たな発明などもしませんでした。いまでは、儒者は洋学者に圧倒されてしまい、天下を経営するための相談相手と目されることがなくなってしまったのも、さもありなんというものです。とはいえ、これは先儒たちの罪というより、古に泥む儒学の学風それ自体の問題です。過度に古を尊ぶので発明がなく、だらだらと今日に至ったのです。しかし、私が考えるには、宋代の胡安国(ママ)（正しくは胡瑗）が「経義斎」「治事斎」の二つに分けて学科を立てたように、孔子・孟子の学が、典章・文物、律令・格式の類を講究するものと、道徳仁義によって心を治める方法を講究するものとに明確に分岐して発展してきたならば、何せ四千年も昔から文化の開けた国のことですから、ギリシア、ローマにも勝るとも劣らない文明を築き上げることができていたかもしれません。

以上の議論によって、人心を治める「教」と、天下国家を治める「法」との違いが、おおよそ理解していただけたものと思います。そしてまた、以上の説明を踏まえると、「教」という文字が指し示す領域は、よほど狭いものになったと感じられることでしょう。しかし、まだ間違いの生じやすいことがありますので、「教」という文字について、もう少し話を続けさせてください。「教」という文字の定義のために役立つというわけではないけれども、多くの人々が間違えやすいところなので、話しておく必要があると思います。今日ふつう「道理」と言えば、君に事えて忠を尽くし親に事えて孝を尽くす道理も、また雨の降る道理も、日の照らす道理も、みな道理とか、理の当然とか、自然の理などと言って、それらの間に少しも差異がないかのような言い方をすることがあります。しかし、君に事えて忠を尽くす道理と、雨の降る道理との間には、大きな違いがあるということを申し上げなければならないと思うのです。

いかにも「法」と「教」とには違いがあり、人を治めるのは「法」でなくてはならず、人を導いて善へと化すのは「教」でなければならないということはよく

答

分かりました。しかし、「道理」が一つの「理」ではなく二つあるというのは、納得がいきません。一体、どういうことなのでしょうか？

中国や日本では、古来から道理に区別などなく、一つのものとして考えられてきましたので、その疑問は当然です。いまでも、おおかたの人はそう考えていることと思います。たとえば中国では、日食はそのときの君主の政治が正しくないことを戒めるために天が発生させたものと考えてきましたし、日本では伊勢の神風とか、日蓮の祈請の力によって暴風雨が発生して蒙古の軍艦を覆したなどといったようなことが言われます。また、浄蔵貴所という天台宗の僧が真言秘密の仏法の祈りによって傾いた八坂の塔を直したとか、伊勢の歌の徳によって干ばつ中に雨が降ったなどといったようなことが言われることもあります。一口に道理と言っても二通りあるということが分かっていないからこそ、こんな荒唐無稽なことが言われるのです。釈迦が説法をすれば、諸天の神仏や鬼、夜叉などが数かぎりなく集まってくるだとか、キリスト教の魔法では夏に雪を降らせ、冬に花を咲かせるとか、いろいろな不思議なことが可能だと思い込むような誤解がありますが、そんなことはあり得ません。ここの惑溺というものを取り除かないうちは、本当の意味での「教」の話はできないのです。道理というように一様に言いますが、実際には「理」には二通りあって、その二つの理は、互いには少しも関係しないのだということを知らなければなりません。

一つは「心理」であり、もう一つは「物理」です。物理とは、天然自然の理のことであって、大きなところで言えば、大きな天地や遠くの星、小さなところで言えば、一滴の水、一撮の土、禽獣から人間に至るまでのあらゆる動物、草木などの植物などなど、あらゆるものが本質として「性」を備えていて、この理に背くなどということはできません。それに対して心理とは、物理のように広いものではなく、人間にのみ行われる理です。人でなければ理解も実行もできない道理、と言えるでしょう。心理もまた生まれながらに有しているものですが、物理とは異なり、違うこともできるので、浅はかに考えると、人間が好きなように作ったり、作りかえたりすることもできるように思われます。それゆえ、物理は「ア・プリオリ」(a priori)、つまり先天の理であり、心理は「ア・ポステリオリ」(a posteriori)、つまり後天の理と言うことができます。まず先天の理によって人というものができて、その人に即して自然に後天の理が備わります。後天とはいえ、必ずそうでなければならない、「已むを得ざるに出づるの理」というものでして、西洋ではネセシティ（necessity）、つまり「必然」などと申します。ただし、一定不変の先天の理とは違って可変的かつ千差万別でありますので、そこから至極当然なものを選ぶ必要があるのです。

少し説明を急いでしまいました。まずは物理のほうから考えていきましょう。物理というものは、物質一般の理のことです。風が吹き、雨が降り、虹があらわれ、雪が降るなどの、あらゆる事物の道理を物理と言います。熱伝導の法則とか、化学変化の前後で諸物質の総和は変わらないという法則といった、自然界のあらゆる法則、物質に共通する法則のことを物理というわけですが、人間の力でこの法則を変えるということはできません。たとえば、石を空中に投げ上げても引力によって必ず地上に落ちてきます。金属類を火中に投じれば鎔けるという舎密（化学）の理があります。それらの理は確定していて、万物がこの法則から外れるというわけにはいかないのです。天子のような貴人であっても、鴻ノ池のような富者であっても、孔子や孟子、諸葛孔明、楠木正成のような賢人であっても、樊噲や呂布、相撲取りの小柳や不知火のような武勇に優れた豪傑であっても、鬼や蛇であっても、引力に反して、空中に投げた石が落ちてこないようにすることはできませんし、鉛を烈火に投じて鎔けないようにするなんてこともできないわけです。雨が降り、風が吹き、あるいは雷が鳴り、彗星が出現するといった現象は、みなそれだけの理が前もって定まっているのだと言えるでしょうし、言い方を変えれば、そのような約束が前もって決まっている、それだけの原因があらかじめ備わっていると言うこともできるでしょう。あるだけのことはあり、できるだけのことはできるというだけのことですので、祈ろうが拝もうが、念仏を百万遍唱えようが、起こるべきことが起こったというだけのことなのです。蒙古から十万人もの大軍が攻めてきたときに、朝廷が伊勢神宮へ祈祷を捧げ、また日蓮が蒙古退治とかいう旗を掲げて祈念したおかげで、神仏の助けがあって暴風雨が起こり、蒙古の軍艦をことごとく吹き散らして海中に沈め、生き残った者はわずかに三人だけだったなどという逸話がありますが、まったくもってあり得ない話なのです。いまでは、日本近海で台風が発生する原因や時期ごとの頻度などは、科学的に解明されておりまして、新年から二百十日目ぐらいに暴風が起こるというのは、だいたい決まっています。また、夏至を過ぎると、太陽が南寄りに戻るため、赤道直下では再び暑い夏になり、その変化の際に赤道の北側あたりでは大気が希薄になるので、その希薄なところに向かって四方から風が吹いてきます。その強風が回転して西南から日本のほうに東北へと流れていきます。これはだいたい秋分の前頃、毎年一、二回はあることなので、誰もが知っていることです。多少の早い遅いは年によって異なるとはいえ、ちゃんとした原因があって発生する現象なので、その発生時期などはおおよその推測ができるのです。要するに物理法則に基づいて発生することに違いはありません。蒙古の大軍が攻めてきたのは、一二八一年の閏七月のことですので、台風が発生しても何の不思議もない時期です。祈祷や祈念のおかげではなく、それとはまったく無関係に、定まった物理法則によって台風が発生しただけのことです。そうでないと言うのなら、大きな被害をもたらしかねない台風などは、祈祷や祈念によって、今後一度たりとも発生しないようにしてほしいものです。いかなる大徳ある坊主であっても、その祈祷ごときで、天地の調和を損ねることなどできるはずがありません。心力を尽くしても、人が物理に影響を与えることはできないのです。もしも心理で物理を動かすことができるのであれば、忠臣・義士、孝子・順孫の首は切っても切れないはずで、

『法華経』の「刀尋段段壊」、つまり観音の力を念ずるときは、怨敵に刀で斬りつけられてもその身が切れることはなく、かえって敵の刀が折れ壊れるということがあり得ることになるでしょう。乱臣・賊子の勢力が強大になってほしいままに暴行を働くなどといったこともあり得ないはずでしょう。しかし、忠臣・孝子が悪人に切って殺されることもあるし、乱臣賊子が栄えることもあるのです。物理と心理とは異なるものだからです。

後天の心理というものは人間の心のうちにのみ存する理であり、人間が存すればこそ存するのであって、人間がいなければこの理はなくなります。とはいえ、心理は人間が持つ本性に基づいたものですので、人間がある間はこの理がなくなるということはありません。しかし、この理は物理とは大きく異なります。物理には、ほんのちょっとでも違うことはできません。先にも述べたとおり、石を投げれば地に落ち、鉛を火に投じれば鎔けるしかありません。その速度や溶解温度まで法則から導き出すことができます。物理は一定にして無二であり、すべての結果は物理に従った必然として現れるので、数量的に計測可能なのです。たとえば、石が地面に落ちる速力は落ちる時間の数を自乗すれば得られます。鉛が火で鎔けるのにかかる時間は鉛の大きさと火の温度によって一定で、正確に測定できます。しかし心理の場合は、随分とその法則を犯すことが可能で、不義・不道な行為をすることもできますし、不義・不道な行いをしても、何の報いも受けずに済むということもあり得ます。しかも、決して物理のように一定無二ではありません。というのも、善の裏には悪、正の裏には不正というように、心理は常に相反する両極を持っているからです。そのうえさらに、この両極の間には、至善至悪から重善重悪、少善少悪などというように、千差万別の程度の差があって、一定のものとして測るというわけにはいかないでしょう。法律などを細かく定めたところで、そんなものは粗雑な線引きに過ぎないのです。そしてまた、何が善で何が悪かということも、時により、処によって、あるいは人によって位によって転変することもありますので、実に測りがたいのです。たとえば、趙氏の遺児を助けるために、公孫杵臼は、身代わりの子どもとともにすぐに死に、程嬰は十年も生き延びて遺児を支えました。このように別々の道を行っても、同じく忠と言えます。このように、物理と心理とは大きく異なるものですので、本来は、道理、理などと腑分けせずに一概に述べるわけにはいかないのです。

以上に述べてきたように、心理は後天のものです。しかし、そうだとは言え、まったく人為的なものに過ぎないかと言えば、そうではありません。先ほど少し述べた「必然(necessity)」というやつですね。やはり、後天という表記ながらも「天」という文字が付されていることには留意すべきです。心理だって、たとえば、世界中の大賢人たちが集会して別のものに作り変えようとしても、できるものではないのです。「心理」というものは、どこの国でも変わらないし、人間の四千年にわたる歴史においても変わらないままだという証拠があって、いまの人間が持っている「心理」をなくすことはできません。その証拠というのは、人間には、すべての人間に共通する「性」というものが備わっていて、心理はまさにそれに即したものとして成立しているということです。「性」とは『中庸』に「性に率ふ、これを道といふ」とあるように、動かすことのできない、万人に共通したものです。万人共通の同一性なんてどこにあるのかと言えば、人が何を好み、何を憎むかということを考えれば、おのずと明らかになります。こうした好悪は、千人が千人、万人が万人同じでして、誰にも作り変えることなどできません。好悪の感情など、人それぞれだとお考えかもしれませんが、そうではありません。

次のようなことを想定してみてください。突然、誰かが私を殴りつけたならば、あるいはまた、誰かが私を斬り殺そうとしたならば、そこまで言わなくとも、誰かが私の悪口を言い、甚だしく見下すような言動をしたならば、私は嬉しいと思うでしょうか、それとも憎いと思うでしょうか。問うまでもありません。必ず憎いという感情が起こり、決して嬉しいなどとは思わないはずです。これは、人間に「自主自立の権」があることの根源とも言えるでしょう。そしてまた、同じく人間に備わっている「知」の働きによって推測してみれば、それは他人も同様、人間であるならば誰もがそうなのだということに気づくはずです。自分が殴られたくないと思えば、他人だって殴られたくないはずだと気づけるのだから、他人を殴ってはならないという義務が生じます。これが忠恕の道というものです。他人が私の物を奪い取ったならば、その人を悪(にく)み怒る感情がわき起こるわけですから、他人の所有物にも手を出してはいけないということになります。これは「所有の権」の起源ですね。これを恕によって他人に推し及ぼせば、他人の所有物に手を出してはいけないという義務が生じます。この二つは、人間すべてに共通する「性」に基づく以上、世界万国いずれにおいても同じということになります。

そしてこれが、そのまま法の根元になるわけです。

あるいはまた、水に溺れている人、溝にはまっている人、住む家も食べるものも飲むものも衣服も欠乏しているような人、いずれにせよ不意の厄難に遭遇しているような人は、それが見知らぬ他人であったとしても、救助してくれたり、宿を貸してくれたりした人に対して、どのような感情が起こるのが普通でしょうか。決して、腹立たしく思うといった感情は起こらないはずです。救ってくれた人を憎いと思ったり、こんな奴はかみ殺してやろうなんて思う人はいないでしょう。古今東西変わりなく、人であれば誰しも同じ情が起こってくるのです。まさしく、万人には同一の「性」が付与されているということの証左であり、このような「性」が「仁道」の根元になるのです。

自分を育ててくれた親が死んだり、可愛い子どもが死んだりしたとき、嬉しいという感情は起こりません。必ずや悲しいという情が起こります。行き倒れの人をみかけたら、他人の無様な姿を見たら、穢い物を見たら、臭い物があったら、嫌だなという感情がわき起こります。そのような情が根元となって「教」ができあがります。

さらに言えば、人間は虎や狼のように群れをなさず単独で生きていけるものではなく、雁や牛羊のように群をなす本性を持っておりますので、「相生養の道」(互いに助け養い合うこと)が起こります。「相生養の道」は夫婦というところから始まり、父子の関係のなかに広がり、やがて君民政府というものに到達します。さらに、あらゆる事柄の上に、権義・仁愛の理が働いて、古今、一時たりとも止むことがありません。

ここそが、後天の心理が止むところなく働くところであり、心理といえども人間が相談して人為的に作り上げたものではないということなのです。もちろん、物理との違いは、よく理解しておかなければいけません。物理の場合、物理にちょっとでも違うということはできず、違おうと試みるならば必ずや災厄が訪れます。たとえば、軽業師は高いところに登ってさまざまな業を披露しますが、うまくバランスが取れていればよいけれども、ちょっとでもバランスを崩してしまえば、必ず落下し、そして怪我をすることでしょう。しかし心理の場合はそれとは違い、心理に多少外れた程度の行為をしても、即座に災厄が訪れるというものではありません。そういう違いはあり、心理は一寸一厘を争うほどに厳密なものではないけれども、それでもやはり心理もまた天理に基づいたものですので、積み重ねていけば、同じことになります。たとえば、人知れず盗みをはたらく者は、まずは、ばれないのを幸いと思うかもしれません。確かに盗みをはたらいたその瞬間に、その報いが訪れるとはかぎりません。ここはまさに物理との違いです。しかし、多くの場合、「コンシアンス」(conscience)、つまり良心の呵責に苦しめられ、やがて見つかってしまうでしょうし、露見しないのを幸いにさらに悪さを続ければ、やがて警戒心が薄れ、やはり最後には捕まってしまうでしょう。違うことのできる心理といえども、それに背けば、やはり痛い目にあうはずなのです。小人が努力をせず、偶然の幸運を得ようと欲しても、そんなことは衆目が許しません。巧みに人を騙すはかりごとによって利益を得ようとしても、天下の人々に共通する人情に一致しない悪事ですので、どこかで綻びが出て、ついにはばれてしまうことでしょう。これは歴史を見れば明らかなことですが、姦臣が勢力を得たり、家臣が主君を廃して取って代わったり、使用人が主人を追いやって取って代わるというような、正しい関係を転倒させて繁昌するような者が出ることもありますが、それは所詮は一時だけのものであり、そのような者に対して、いずれは禍が訪れることは免れないのです。『史記』伍子胥列伝にある「人衆ければ天に勝つ。天定まって人に勝つ」などという古言は、乱世には悪人が栄えることもあるものの、いずれは天道が定まって悪人は亡びるというほどの意味であり、まさにこのことを述べているのだと言えるでしょう。

一般論としてはそう言えるものの、しかし実際のところでは、なかなか計算しづらいところがあります。確かに姦臣というものは、君臣関係という正しい上下の秩序を乱して自らの権力をほしいままにする者ではありません。これはおのれの「権義」を過度に求める行いです。しかし、万人に同一の情をよく理解し、世間と好悪を同じくするという点では、こうした姦臣のほうが暗愚で凡庸な君主よりもはるかによくできる場合があります。君は正統であり名分が正しいとはいえ、暗弱で君の仕事を全うすることができないとか、あるいは、無意味に贅沢三昧な暮らしをして人心を失い、世間と好悪を同じくすることができないといったことがあれば、人々の心は君を離れ、姦臣のほうへと流れていくことになるでしょう。そんな状況が二十年も続いたら、権勢は明らかに姦臣のほうへと移り、名分や少々の徳などによっては覆しがたくなっていきます。儒教が言う名分などというものは、虚器に過ぎませんので、実理のほうが常に勝つものなのです。たとえば、お鉢は飯がそこにあればこそ、お鉢と言われるわけであって、いかに真鍮製の立派なものであったとしても、なかの飯がすり鉢のほうに移されていれば、立派な真鍮製のお鉢のほうではなく、飯が入っているすり鉢のほうへと人は集まるに違いありません。なかに飯が入っていない空虚な真鍮製の鉢を持ち出してきて、すり鉢などは美しくないものだから、こっちのほうに寄ってこいと言ったって、それは無駄というものでしょう。名分などは虚器に過ぎないというのは、そういうことなのです。天下人民と好悪を同じくして、正直公平の政治を行い、善美能好で民を教化するからこそ、君は君であることができるのです。それができない暗君と比べれば、それができる姦臣のほうがマシというように民が判断しても、何の不思議もないのです。姦臣、すり鉢、あるいは手桶であっても、実理があるほうこそが天意に合すると言えるわけであり、『書経』泰誓篇に「天の視るは我が民の視るにしたがひ、天の聴くは我が民の聴くにしたがふ」とあるのは、まさにそのことを意味しているのです。天というものは、部屋頭が奉公人を使うときのように、いちいち細かなところまで指示を出し、いちいち賞罰を与えるようなものではありません。そうではなく、天は人間に「同一の性」を賦与するだけであり、その性に即した好悪に従う営みこそが実理の在りかであり、それを天の意思の現れと表現するのです。我が国の北条氏や足利尊氏など、歴史上しばしば名分に背いた者たちがそれでも栄えた理由ですね。一見すれば、物理とは大きく違い、心理はそれほど綿密には行われないように見えるわけですが、これが「天定まって人に勝つ」ということなのです。いかに乱れた世であれ、実理が滅ぶことはなく、長い目で見れば「算用が合う」と言ってよいかもしれません。

以上の説明によって、心理の特徴もご理解いただけたのではないかと思いますが、さらに一～二点、物理と心理との違いについて付言しておきたいと思います。人間のあらゆる事柄についても物理と心理との違いがあります。たとえば、嫁の才能として、箏曲などの三曲ができ、縫針が巧みであり、漬物のことにも詳しいということがあり、舅姑には孝順、夫には従順であり、使用人を上手に使い、貞諒に身を守るといった長所があるとします。このうち、前三者は物理上に長じるところであり、後三者は心理上に長じるところです。三曲に巧みだからといって舅姑に孝順だとはかぎらないわけであって、両者は別物です。あるいはまた、細工も巧みだという棟梁の長所は物理上の長所であり、多くの弟子を上手に育て使うという長所は心理上の長所です。歌舞伎・狂言と、危険な曲芸を身軽に演じる軽業師や、重い石などを持ち上げ、種々の技を見せ物にする力持・手品師の類とでは、客を楽しませるという点では共通でも、歌舞伎・狂言の場合は喜怒哀楽を擬して人の心理を動かそうと努めるのに対し、軽業師の類は物理的に不可能と思われることをやってみせることで客を驚かせるものです。一方は心理を感動させることを主とし、他方は物理法則に違うように見える芸を見せて不思議がらせるということで、同じく面白いと思わせるものであっても、二通りの違いがあるのです。どちらが好みかはともかく、それぞれの巧拙や可否を論じるには、両者の違いを理解しておかなければなりません。物理と心理とを混同して、人間の心力によって天然の物理法則を変えられると思い込んでしまうということが、これまでの学問には多々あったわけですが、それは大きな誤りなのです。

もう一つ、伏羲や文王、周公、孔子といった聖人らが作ったとされる『易』について考えてみましょう。この書は、物理に基づいて説かれているものと思いますが、それを心理にあてはめて論じていますので、物理と心理とが一貫なものとして捉えられていると言えるでしょう。たとえ伏羲や文王、周公、孔子のような聖人たちによってなされたことであったとしても、文明が開け天地の道理についても昔よりははるかに明らかになってきた後世の世からすれば、おかしなものに見えざるを得ないことも多々あります。いかに大聖賢だといっても、自分自身が生まれた時世を越えて先々の時代までをも見越すほどの大見識など、あるはずもありません。西洋においても、文明の栄えたギリシア人たちでさえ、「デルヒ」(Delphi) の「オラークル」(oracle) という神の託宣とか、神が乗り移るとか、いまの神巫のようなことを信じていました。ローマに伝わった星や鳥の臓腑を用いた占いを、「カトウ」(Marcus Porcius Cato) や「シケロ」(Marcus Tullius Cicero) のような賢人たちまでもが信じていたようです。もちろん、いまの西洋ではそんなものを信じる人はいません。我々もまた、心理と物理との違いをしっかりと認識するよう注意すべきでしょう。心理上のことにのみ関わる「法」や「教」というものは、少しも物理には関係しないということを理解すべきです。以上のことを確認できれば、「教」という概念が指し示す領分は、さらに狭く限定されてくるだろうと思います。

いかにも、物理と心理との区別については理解できました。しかし、あるべき

「教」を考える際に、物理を参考にすることは、まったく必要がないということなのでしょうか。

答　「教」には、もともと、「観」と「行」との二つの側面に分けて論じなければならない部分があります。考究と実践ですね。「行」、つまり実践の方面から言えば、もっぱら心理に即して「法」を立てるのが基本ですから、物理の論には及びません。それに対し、「観」の方面から言えば、物理を参考にしなければならないと言えます。物理と心理との区別は重要であり混同してはいけないのですが、人間もまた天地間の一物です。その心理を明らかにするためには、物理の点から人間存在について学ぶことも大切です。とりわけ「造化史」は、あるべき「教」を考えるうえでも大いに役立ちます。それは、金石・草木・人獣の三域に関する諸種の道理を、地質学、古生物学などに分けて、大地のできたはじめから理解しようとする学問です。人獣の部では、人類学、比較解剖学から生理学、心理学、民族学、神学、審美学、さらには歴史学といった諸学を参照して物理を参考にしなければなりません。こうして心理を明らかにするのです。そのうえで、天道・人道を論じ明らかにして、「教」の方法を立てるのです。その学問こそがphilosophy、私はこれを哲学と呼んでいます。
本日、「百教一致」という題目を掲げて「教」のことを論じてきましたが、これもまた哲学の一種と言えるものです。もしも一つの宗教を信仰するならば、他の宗教を否定することになるのが普通ですので、百教を概論して百教の趣旨は一致することを明らかにしようとするならば、論者の視点は百教をひとしく視野に入れる高所に置かねばなりません。これが哲学の視点というものです。したがって、哲学上の議論においては、物理も心理も兼ねて論じなければならないわけですが、兼ねて論じるからといって混同してはいけないのです。

［1］『論語』子路篇の「子路曰く、衛君、子を待ちて政を為せば、子将になにをか先にせん」以下を踏まえた表現である。儒教ではしばしば、事物の実質を正確に反映した呼称を保持し、その呼称が想定する関係性を堅持することの重要性が説かれる。まさにこの子路の問いに対し、孔子は「必ず名を正さん」と答えている。父は父らしく、子は子らしくというように、名が実質を正確に反映し、実質を反映した名称どおりに実際の関係性を維持することが重要だというのである。衛の出公輒は父を無視して国君の位についており、まさに父子のあるべき姿から乖離していた。そこで、孔子は「必ず名を正さん」と

言ったのである。

[2]「時」は暦、「輅」は天子が乗る車、「冕」は冠のこと。孔子は、顔淵から「邦を為むること」について問われた際に、夏、殷、周という三代の礼を模倣せよと応えたことを指す。

[3]「格物」「致知」「誠意」「正心」「修身」「斉家」「治国」「平天下」のこと。

[4]『論語』八佾篇に基づく。「木鐸」は政令を施すときに振るう、木製の舌がついている金属製の鈴のこと。ここでは、世人を覚醒させ、教え導く人のことを意味する。

[5] 本来、儒教においては、実男子のみに伝わるとされる「気」の連続性が重視されており、養子(とくに異姓養子)をとることはタブーとされていた。養子には「気」が伝わり得ないからである。他方、江戸時代の日本社会では、「気」の連続よりも「家」を継続させていくことのほうが重視され、跡継ぎ息子がいなかった場合はもちろん、実男子が優秀でないと判断された場合などにも、養子をとって跡継ぎとすることがあった。ここの比喩は、そのような江戸時代の慣行が反映されているし、この「改名」によって、それだけの大きな相違が生じるという理解を表現しているものと思われる。

[6] 司馬遷はそれに続けて、しかしその政治は残酷であり恩愛の情が少ないとしている。

第4章

洋字を以て国語を書するの論

解題

明治七年四月二日発行の『明六雑誌』第一号の巻頭を飾った論文である。学術振興と知識の普及を任務とする明六社の活動の前提として、ローマ字を用いて日本語文章を記述することの意義が説かれている。

日本語の文章をすべてローマ字で表記すべきという提案は、現代人には荒唐無稽なものに見えるだろう。しかし、漢字、平仮名、ローマ字など、いずれの文字を用いて日本語を表記すべきなのか、いずれかの文字を廃止すべきなのかという議論が盛んに戦わされ、そもそも日本語自体を廃止して英語を公用語にしようとする発想までもが登場していたという当時の時代状況には留意したい。たとえば、前島密は徳川慶喜宛てに「漢字御廃止之議」を上書しているほか、明治期になって設立された啓蒙社は「まいにちひらかなしんぶんし」を発行し、漢字を用いない日本語表記を実践してもいた。福澤諭吉は「文字之教」において、漢字の総数を二千〜三千字程度に制限する漢字節減論を主張していたし、アメリカ駐在中の森有礼は英語を日本の公用語とするというアイディアを考えたこともあった。本論に応えるべく、『明六雑誌』には、西村茂樹「開化の度に因て改文字を発すべきの論」(『明六雑誌』第一号)、清水卯三郎「平仮名の説」(『明六雑誌』第七号)、阪谷素「質疑一則」(『明六雑誌』第一〇号)といった論考が掲載された。

しかし逆に、そのような同時代の文脈があるからこそ、本論もまた、ほかの論考と同じ類のものとして、つまり、漢字、平仮名、カタカナを廃止し、ローマ字を採用すべきとする浅薄な議論として受け止められることになった側面も否定できないように思う。現代においても、本論は、「洋学者主導の初期のローマ字運動の根底にあるのは、じつにこうした西洋文明への同化の渇望」に基づく「実利的欧化主義以外の何ものでもなかった」などと認識されることが多い。西洋思想のエッセンスのみを摂取して土着の文化の上に接続すれば事足れりとするのではなく、文字や原語そのもののレベルにまで至る改革の必要性が認識されていたことの証左として見ることはできるとしても、内容的には、「ローマ字表記の利点がどこにあるのかわからない。それほど西のローマ字論は浅薄なものであった」という評価が定着している[1]。

しかし西は、ヨーロッパ文明の根本に精微な学問があると見定め、その学問の精密さの背景には精密な言語の存在があると考えていた。ローマ字採用というのは、単なる文字の問題ではなく、アルファベットの綴り方、綴った文字の発音の仕方、そして、アルファベットを綴り合わせて生まれる言葉を相互に結びつける、精密な文法の存在までを念頭に置いた議論であった。言語改革の要は文字にあるのではなく、文法の構築にこそあるという主張として西の議論を理解するならば、ローマ字を採用するという主張も、文法論と関連づけて理解しなければならない。本論は、単なる文字論ではなく、文字改革の先に日本語を文明的な言語へと改造するための文法構想として見る必要がある。

このような西の発想には、江戸時代以来の言語論の蓄積があったように思われる。たとえば、日本語を含むほかの夷狄の言語とは異なる優れた文明的な言語として中国語を捉える儒学の発想に対し、本居宣長は、日本語のなかに文法法則を発見し、日本語のほうが精密・明晰な言語表現が可能だとする主張を展開していた。日本語こそが文明的な言語だというのである。

アルファベットという奇妙な文字に向き合わざるを得なかった初期の蘭学者たちは、まず第一に、文字の名称と発音が一致しないというアルファベットの特徴に直面した。たとえば、aという文字は「アー」という名称だが、単語や文のなかでも常に「アー」と発音されるとはかぎらない。オランダ語単語の綴りと発音との関係は、さらに奇妙であった。この奇妙な文字に習熟するために、初期の江戸の蘭学者たちは、まさに「洋字を以て国語を書する」練習もしていた。文字自体に習熟した後には、冠詞や前置詞や接続詞など、働きは重要だが意味のよく分からない雑多な言葉を「助語」と呼んで重視し（漢文における助字の扱いがモデルとなった）、オランダ語の単語の下に対応する漢字を書き、漢文を訓読するときと同じように、語順を変えて漢字を行ったり来たりしながら読む「蘭文訓読」を行ったりもしていた。模倣・習熟という方法論が取られていたのである。

宣長が日本語について行ったのと同じように、オランダ語の文法法則を解明し理解しようとする試みは、長崎のオランダ通詞らによって、西洋の文典が輸入されて以降になされ始めたと推測される。文法構造が着目されるようになると、オランダ語は、語順の点では日本語より中国語に近いかもしれないが、中国語が表意文字・表語文字を使用し、一切の語形変化が存在しないのに対して、表音文字を使用し、語形変化が存在する点では、中国語よりも日本語に近いという理解も可能になっていった。

西周はまさに、日本語は中国語よりも西洋語に近いとの認識の下に、西洋語モデルの文法の構築によって、日本語の文明化を目指したのである。

本文

何人かの友人たちと集まり、昨今の治乱盛衰の理由や政治の得失など、世の中のさまざまな動きに話題が及ぶと、とかくヨーロッパ諸国と比較することが多くなりがちである。そうすると、議論が進んでいくうちに、ヨーロッパの文明を羨ましく思い始め、わが国の文明が開けないのを嘆くことになってしまい、あげくの果てには、わが国の人民の愚かさはどうしようもないという結論になって、悲しみ嘆いて深くため息をつくばかりになるということを、最近、しばしば経験している。

そもそも維新以来、優れた人材も輩出し、さまざまな制度改革も行い、中央政府の官庁を整備し、府県の設置まで行った結果、いまや昔の日本とは異なった日本になっているのだし、善政美挙も数えられないほどである。それにもかかわらず、一歩下がってよくよく考えてみると、旧弊から抜け出せずにいることばかり、たとえ善政美挙があっても、民自身はその恩恵を受けられずにいるというのが現状であろう。

見た目ばかりは立派な文明国のように見えても、文明の内実が内面まで行きわたらずにいるということなのだが、維新以来、まだあまり時間が経っていないのだから、それも当然のことだとは言えるだろう。猿に服を着せたり、飯炊き女に踊りの衣装を着せたりしてみただけ、それが日本の現状なのである。したがって、お上の意向は下々に伝わらず、下々の思いはお上に届かず、国家を一人の肉体にたとえて言えば、体の自由が利かない人のような状態である。そんな状況だから、賢明で優れた人物が現れて人々を鼓舞して奮い起こそうと奮闘したとしても、徒労に終わり、疲れ果てて自分まで倒れてしまう羽目になるだろう。眠りこけた子どもを起こそうとしたり、酔いつぶれて寝込んでいる男を助け起こそうとしたりするのと同じである。指導者たちもついに、理想を追求することをあきらめて、適当な一時しのぎでその場を取り繕うばかりになってしまうのも仕方のないことだと言えるだろう。これは、いま現在の日本で生じているありふれた弊害であって、その結果、多くの愚かな者を前にして、ごく少数の賢者や智者は、多勢に無勢という状況になっている。先に「人民の愚かさはどうしようもない」という思いになることもしばしばだと述べたのは、まさにこのことなのである。しかもまた、このことは、一国の政治における弊害だというだけではない。日々の日常においてさえ、みんなで力を合わせて何かをやろうとする際には、必ずこの問題にぶつかるのである。

しかし、このような愚かな人民を前にしても、手を取り合って協力し、ねぎらい励まし助け守りつつ、適切な頃合いを見計らって徐々に開明の境地に進めていかなければならない。それが、要職に就いている政治家の任務というものである。『孟子』公孫丑上で「その苗を揠くことなく、去て耘らざることなく」と言われているとおり、功を焦って無理に開化を進めてはいけないし、かといって民を見捨ててもいけない。それができなかったならば、それは愚なる人民のせいではなく、政治家の罪である。しかし、うまくいっていない場合に政府だけが悪いと言っても始まらない。そうやって政府を批判しても、この弊害によってこの世の民が幸福になれず、世の中が衰え乱れて救いようがない状況に至れば、困るのは我々自身だからである。だとするならば、この問題は我々自身の問題として捉えなければならない部分もあるだろう。とりわけ賢者・智者であろうとする者は、先頭に立ってこの弊害を正すべきである。そうしないのであれば、彼らは社会に対する罪を犯していると言わざるを得ない。森有礼先生がこの明六社という学術結社を作った理由も、まさにこの点にあるに違いない。

そもそもいわゆる学術というものは、暗愚を打破し、暗愚に伴う弊害や困難を取り除くための道具である。もしも、社会にとって脅威となる暗愚の大軍を何とかしようとするならば、学術を追求する以外の道はないはずである。私自身は浅はかな鈍才に過ぎないが、この戦列に加わり、少しでもよいから力を尽くしたいと思う。しかし、そのためにも立ち止まって考えておかなければならないことがある。いま、学問をする以外に道はないと志を定めたとしても、それを進めていくための方法を提供する事業がなければ、せっかくの志も、まったくのムダになってしまうのではないかと考えるからである。友人同士が集まって、切磋琢磨し、あるいは自己の見解を述べ、あるいは疑義をぶつけ、討論し検討し合うことは、言うまでもなく有益である。しかし、そのための具体的な方法を自覚したうえでなければ、社会にはびこる暗愚の大軍を打ち破ろうと思っても無理だろう。これが自分の最も恐れるところである。

そこで、奇々怪々な議論と思われるかもしれないが、私自身の拙さ、浅はかさを顧みずに、一案を提示してみたい。この提案は本当に驚くほど怪しいもの、天下の至宝を暗闇に投げ捨てるようなものだと思われるかもしれない。しかし、明六社がこの事業に着手して成し遂げることができれば、あの暗愚の軍隊を打倒するための先鋒になり得るはずだと私は思っている。

いまひとまず明六社の活動目的とも言うべきである学問・技芸・文章ということにつ

いて論じると、文章の重要性が明らかになる。学問も技芸も、文章があってはじめて成り立つものだからだ。昔の人が「文は貫道の器なり」と述べたように、文章は道を記し伝えるものなのである。

ところが現在、わが日本の文章ときたら、話し言葉と書き言葉のルールが異なってい て、話し言葉をそのまま文章にすることはできず、書き言葉をそのまま話すこともできない。日本語の一大難点である。すでに多くの人が気づいている問題であり、これを改正しようとする企てもないわけではない。ある人は、漢字の数を制限して一定の数に定めることを主張している。またある人は、仮名だけを使い、仮名だけで成り立つための文法書を作ることを主張している。そのほかにもさまざまな意見があるが、この二つが最近の有力な見解である。

漢字の数を制限するという説は、まったく偏った見解と言わなければならない。もし、大きな動物である牛や羊と、小さな動物である狐や狸が、同じ水場で水を飲むときには、それぞれがお腹を満たすように飲むだけの話である。どうして小さな動物が水を飲む際に水場が大きいことを残念に思うだろうか。それと同じことである。漢字をたくさん知っている者はたくさんの漢字を使い、漢字を少ししか知らない者は少しの漢字を使えばよいだけのことである。ところが、漢字制限論者は、「牛や羊のような大きな動物はあまり多くなく、狐や狸のような小さな動物のほうが多いのだから、数の多い小さな動物に合わせて、水場を小さく制限すべきだ」というのである。ヨーロッパには、現在用いられている数ヶ国の言語はもちろんのこと、さらにラテン語・ギリシア語・ヘブライ語・サンスクリット語のような日常語としては使われない言語にまで通じるような者もいるというのに、漢字を知らない人にあわせて数を制限するというのは、それとはだいぶ異なった、見識と度量が小さな考え方である。

仮名だけを用いるという説は、漢字制限論と比べれば、いくらか道理があるように見える。しかし、仮名という文字のあり方は、子音と母音が合わさっていて区別ができないので、これほど不便なことはない。この点については、後で詳しく論じたい。

この二つの説に、私は決して賛成することはできない。現在の日本には、ヨーロッパの習俗が続々と入ってきており、それは屋根の上から瓶の水をあけるようなたいへんな勢いで、止めることなど到底不可能な情勢である。衣服、食べ物、住まい、法律、政治、風俗から、そのほかの技術・学術に至るまで、あらゆる分野でヨーロッパ由来の文物が流入し続けているのである。内地雑居やキリスト教についてはそうではないように見えるが、これも遅いか速いかの違いに過ぎないのであって、長期的に見れば、内地雑居は必ず行われるようになるであろうし、キリスト教も必ず入ってくるであろう。サトウキビのおいしい部分まで口に含んでから食べるのをやめようとしても、やめることはできない。ヨーロッパ由来の文物の流入も同様である。その勢いはすでに盛んであり、現在は十のうちの七まで摂取したという段階である。そこに至って、サトウキビを食わずに済ますことができないのと同様、残りの三に関しては意図的に摂取しないということはできないだろう。だとすれば、ヨーロッパの文字もあわせて摂取するのがいちばんではなかろうか。

　そもそもわが国の文字は、古代の君主が中国から取り入れて用いたのが始まりで、その頃は、文献もみな中国から取り入れた。いまや世の中の変化に遭遇して、文献はすでにヨーロッパから取り入れるようになったのだから、文字もまたヨーロッパのものを取り入れないわけにはいかないだろう。

　中国の場合は、土地が広大で人民の数も多く、国の勢力は相当なもので、文物制度も光り輝いている。古い時代においてはヨーロッパに引けを取らない文明を持っていたのだし、これ以上の発展を望まず現状のままで満足することにしたとしても、そう大きな問題はないだろう。中国ならば、そのような態度を取ることも可能であり、ほかの地域のことを気にする必要はない。しかし、わが国の場合はそうはいかない。歴史的経緯や国民性に照らし合わせれば、日本人はこれまでのやり方を踏襲することが得意であり、模倣するのが巧みであるが、自ら新機軸を出すのは苦手であることが分かる。学問・文芸の分野で言えば、平安時代には唐の詩人、白居易を愛好し、林羅山や山崎闇斎は朱熹などの宋儒を尊崇し、中江藤樹や熊沢蕃山は王陽明の陽明学に淵源し、荻生徂徠の蘐園学派は王世貞・李攀龍らの擬古を重んじる明代古文辞派に基づき、時代が下ると袁宏道・鍾惺といった反古文辞派を踏襲するものが現れるに至った。このように、中国の学問・文芸の模倣に基づいた発展はあったものの、いまだかつて一人として新機軸を打ち出したものはいない。したがって、わが国にとって新しいものが他国にとっては古いものであるのは当然のことだが、それによってわが国は発展してきたのであり、このような日本の来歴を考えれば、他人の長所を取り入れて自分の長所とすることに、どうして気兼ねする必要があるだろうか。気兼ねは要らないのだ。まして、自分を捨てて人に従うのは、古の聖王たる舜の美徳であり、正しい意見を聞いたらそれに従うのは孔子の教えの大義である。何をするにも必ず自分自身から出たものでないと気が済まないというのは、決して優れた知恵を備えた人の態度ではない。そのような狭い見識に固執することはない。自分から新機軸を出すことができなくても、他人の善を見てそれに従い、他人の長所を採用するのも、これまた美徳なのである。

しかし、不用意にこのように主張すれば、「そうではない」と言う人がいるだろう。そうして「ヨーロッパの長所を取り入れてヨーロッパの文字を採用するのはもちろん構わないが、天下の人々に急にヨーロッパの文字を学ばせることは難しい。あなたはそれをどうするつもりか」とか、「ヨーロッパの文字を採用することはもちろん構わないが、結局のところ、英語かフランス語を採用するほうがよいだろう。昔、ロシアの官庁ではみなフランス語を使っていた。いまはある程度は自国の言語を用いているようだが、この例に従うことも、悪くはないだろう」といった意見を主張する者もいるかもしれない。

しかし、そうではない。というのは、人民の言語は天性に基づくものだからである。言語は、風土・寒暖・人種に由来し、これらが組み合わさって生じるものであって、決して変更することができないのである。奈良時代以前の昔、わが国は中国の漢字の発音を学んだ。これを呉音というが、長期間にわたって使っているうちに、中国の発音とは異なる音に変化していった。奈良時代から平安時代にかけて、再びその当時の中国における漢字の発音を学んだ。これを漢音というが、やはり長期間にわたって使っているうちに、これも変化していった。鎌倉・室町時代以降には唐音が伝わったが、変化した呉音、変化した漢音という二つの発音も残ったまま、取り除くことができない状況になってしまった。このため、漢字の音読みは呉音・漢音・唐音が入り乱れているのが現状である。しかも、古の王朝では、官庁が漢語を用いたため、その文化は一部にかぎられて全国に広げることができなかった。文章は変化して候文となり、和語であるにもかかわらず、「奉る」「致す」「為め」「如し」などの文字が上に置かれ、たとえば「奉存候」を「存じ奉り候」とするように、返り読みするようになってしまった。総じて、天性の言語を廃しほかの言語を用いようとする場合のこうした弊害は、前例からも明々白々ではないか。

「では、あなたの言う、ヨーロッパの文字を用いるという説は、一体、どのようなものなのでしょうか」という質問をする人がいるかもしれない。私の主張は、ヨーロッパの文字によって和語を書き、発音の規則を定め、これを読む、というだけのことである。しかも、厳しく命令し、禁令や罰則によって習得させようということでもない。徐々に習得し、長い年月をかけて実行すべく、少数の人から始めて多数に及ぼし、小さな規模から大きな規模へと広げてゆこうということであって、同志が結社を作って同好の士が力を合わせることによって、少しずつ実行しようという主張である。これが、この明六社という結社を作って行おうとすることであって、それは、先生方の名望を借りなければ達成できないのである。

「十の利がなければ従来のやり方を変更しない、百の害がなければ法を改めない、と言われています。では、アルファベットによって和語を書くことにはどのような利害得失があるでしょうか」と問われたら、次のように答えよう。

この方法が実行されたら、わが国の語学が確立する。これが一つめの利である。

子どもの学びはまずは国語から始めるが、一般の事物の名称と理屈を詳しく学んだら、次には各国の言語を学ぶことができる。このとき、同じアルファベットが使われているので、外国語を見ても違和感がない。品詞の区別、単語の発音の変化などについて、すでにアルファベットで国語を学ぶ際に詳しい知識を得ているから、ほかの言語は記憶力を働かせるだけで習得できる。学び始める際の難易度の違いは明らかである。これが二つめの利である。

日本語の現状では話し言葉と書き言葉が一致しないが、この方法では、書くことも話すことも、同一のルールに基づいて行うことができる。講演、乾杯の挨拶、会議でのスピーチ、法師の説法、いずれも書いたり話したりが同じようにできる。このように言文一致が実現できるのが、三つめの利である。

一般の人は、古文や漢文で書かれた難しい書き言葉を読むことはできないし、もちろん書くこともできないのが現状である。しかし、この方法を実行したならば、アルファベット二十六字を知り、綴りと発音の規則を学びさえすれば、女性や子ども、学問のない者であっても、どんな本でも読むことができるようになるし、自分で自分の意見を書くこともできるようになる。これが四つめの利である。

現在、西洋流の算法が行われ、この算法ができる人も多い。これに伴って横書きが行われているから、アルファベットで書くのは便利である。そして、大蔵省や陸軍などはすでに簿記の法を実施し、これに伴って横書きを用いている。アルファベットを用いれば簡単に西洋の簿記の法が採用できる。これが五つめの利である。

最近、ヘボンの字書とロニの日本語会話書が刊行されたが、いまの俗用がそのまま記されており、きちんとした書き言葉の要所を外している。いったんこの法が確立すれば、これらも一致するだろう。これが六つめの利である。

この法が確立すると、著述・翻訳をするのが便利になるというのが七つめの利である。また、印刷はすべてヨーロッパの方法を利用できることになるので、手軽で便利になる。ヨーロッパの国々で印刷術上の新たな発明があれば、そのままわが国で利用することができるようにもなる。これが八つめの利である。

ヨーロッパ由来の学術上の専門用語を用いる場合、アルファベットを使って音表記するのみで足り、翻訳語を発明する必要がなくなる。いまの漢字音を利用する場合と同様である。また、器械、物の名称や種類などについては、強いて翻訳しないで原語のままで用いることができる。これが九つめの利である。

もしこの法が確立すれば、ヨーロッパの万事がみんな我々のものとなる。自国で使ってきた文字を廃止し他国の長所を取り入れるのは、服飾のような瑣末なことを変えるのとはまったく異なる重大事である。そのような難事を実現できたならば、流れる水のように速やかに善に従うことができるわが国人民の性質の美点を世界に誇ることになり、たいそうヨーロッパの人々の肝を冷やすことになるだろう。これが十個めの利である。

このような十の利があってこれを実行するのである。なぜ決行するのにためらう必要があろうか。ためらう必要などない。

「それでは本当に害はないでしょうか」と問われたら、次のように答えよう。

筆や墨などを扱う書道用品店は仕事がなくなってしまう。これが一つめの害である。しかし、書道用品店は三都そのほかにほんのわずかにあるだけで、しかも徐々に実行するのだから、彼らが転業するための時間的余裕がある。なんら気にする必要がない。

紙の製法を和紙から洋紙に改めなければならない。これが二つめの害である。しかし、最近、すでに洋紙の製造工場を建設する準備ができている。この勢いを徐々に全国に推し及ぼしてゆけばよい。もし和紙に余剰が生じるというのであれば、わが国のガラス障子を世界に供給すればよい。この害は、利に転じることができるものである。

しかし、この説を伝え聞いた漢学系統の学者や国学系統の学者のなかには、たいそう気に入らない思いを抱く者もいるであろう。これも、三つめの害として数えることができる。しかし、いわゆる国学の観点からしても、母音と子音を区別することができない仮名と異なり、両者を区別することができるアルファベットを用いることによって、言葉を精密に分析し、綴りと発音の法則を適切に示すことができるようになるなど、国語の学をはじめて確立することができるのだから、これは喜ぶべきことであって憎むべきことではない。まして日本からみれば、中国も西洋も、どちらも外国であることに違いはない。もしも異国の文字を嫌うというのならば、漢字も廃止しなければならないだろう。さらに日本の文字と相反する表意文字の漢字と違って、アルファベットは表音文字である。したがって、国学者が真にアルファベットの便利さを知りさえすれば、疑問は解消するはずである。漢学の場合、そのわが国における位置づけは西洋におけるラテンのようなものである。児童は最初に国語を学び、次に漢語を勉強する。これは中学以上の学科であって、その境目はおのずからはっきりとしている。いわゆる漢学系統の学者も中学以上の教師として、ちょうど西洋のラテン語・ギリシア語の教師のようなものと捉えることができる。漢学は、上級の学科である古典語の学習として、なお意味が残るのであって、絶滅してしまうなどと心配する必要はない。もちろん、村の物知りや手習いの先生、下級役人や村役人のような人々がこの説を聞いたら、愉快には思わないだろう。しかし、これは命令ではなく、しかも施行する際には「漸」の一字をもって徐々に行うのである。彼らが行き詰まって苦しむようなことはないだろう。だから突然の転換による心配はないことが分かるはずである。

以上から分かるように、三つの害は本当の害ではなく、十の利は真実の利である。両者を比べれば、十の真利が優ることは明らかである。

「あなたの説の利と害はすでに明らかになった。ただこれを施行する際の難易は考慮しなければならない」と言われるかもしれない。これについては次のように言おう。

施行の際に考慮しなければならない重要な三つの難事がある。

第一に、語学の難事である。日本人ならば誰もが、日本語の語法を確立して日本語を用いたいと思うだろう。国学の徒は、無意味に古文法を用いたがるが、それは実用に適さない。実用に適しているのは候文であるが、それは話し言葉と異なる。最近は、この『明六雑誌』のように漢字片仮名交じりの文がいくらか一定の文体となってきた。しかし、漢字片仮名交じり文には、ときに漢語法、和語法が混在し、文体が統一されているとは言えない。だから、国学に対抗する者は、ついにいまの俗語をそのまま書いて、いわゆるテニヲハの法をもことごとく廃止しようとしている。この雅文派と俗語派の抗争がやまなければ、言文ともに通用する日本語の語法を確立することはできないだろう。思うに、これが一つめの難事である。しかし、この問題を解決する方法がないわけではない。それは、綴り字の規則と発音の規則を定めて雅・俗の両者を調和させるという方法である。英語の場合で言えば、綴りと発音は往々にして異なっており、これもわが国語と同様にやむを得ない原因によるものである。したがって、和語の雅俗が相互に異なるのもまた、だいたい綴りと発音が異なるのと同じようなものである。いま、試しにその例をいくつか挙げてみよう。

「・」は発音しない字の印。「〜」は韻字、つまり、発音が変化する字。アルファベットの上の仮名は綴り字であり、雅語に従ってアルファベットを綴る。アルファベットの下の仮名は発音であり、俗語に従って発音する。「＿＿」は綴りと発音の関係を説明する対象となる語。

形容詞

イカサマ	ヲモシロシ	コレ	ハ	ヨロシシ
ikasama	omosirosi	kore	wa	yorosisi
イカサマ	ヲモシロイ	コレ	ハ	ヨロシイ

ヲモシロキ	コト	ウツクシキ	ハナ
omosiroki	koto	utskusiki	hana
ヲモシロイ	コト	ウツクシイ	ハナ

アツク	ナル	サムク	ナル
atuku	naru	samuku	naru
アツウ	ナル	サムウ	ナル

最後の二例は京都の発音である。江戸の発音は綴り字の通りである。

名詞その他を形容語に用いるとき、つまり形容動詞

キタイ ナル	ヒト	フシギ ナル	コト
kitai - naru	hito	fusigi - naru	koto
キタイ ナ	ヒト	フシギ ナ	コト

ここのナルはニアルが縮まったもので、副詞「に」と動詞「ある」が重なったものであるから、さしあたり、先天と定め、niaru と綴るのではなく、naru と綴ることにする〔2〕。

代名詞

カレ	イヅレ	イヅコ
kare	idure	iduko
アレ	ドレ	ドコ

接続助詞

コレ	ニテ	ヨシ	ソレ	ニテモ	ヨシ
kore	nite	yosi	sore	nitemo	yosi
コレ	デ	ヨイ	ソレ	デモ	ヨイ

動詞

イマ	キカム	ユワム	ユメ	ヲ	ミタリ	イマ	イキツ
ima	kikam	yuwam	yume	vo	mitari	ima	ikitu
イマ	キカウ	ユワウ	ユメ	ヲ	ミタ	イマ	イッタ

キルル	モユル
kiruru	moyuru
キレル	モエル

この類は極めて多い。

ナニ	ニテモ	カ	ニテモ	ベンキヨウ	ヲ	セズ	バ	ナルマジ
Nani	nitemo	ka	nitemo	benkiyau	vo	sezu	ba	narumazi
ナニ	デモ	カ	デモ	勉　強	ヲ	セズ	バ	ナルマイ

以上のようなやり方で、だいたい雅文派と俗語派の喧嘩は和解できるであろう。しかし、これだけでなく、「ある」を「ござる」と言い、「ます」「申す」など、そのほかのさまざまな敬語のなかには、捨てるに捨てられず、採用するにも採用できないような、雅俗の調停が難しいものもたくさんあるけれども、これらについては、雅文の代理人も俗語の首唱者もお互いに折れることができるのではないだろうか。つまり、あまりに格調の高過ぎる言葉遣いは通常は用いず、またそのかわりに話す言葉のほうも、話したことをそのまま文字に書くことができるくらいに注意して話すようにすれば、徐々に自然に慣れてきて、百年も経つうちにはヨーロッパのような段階に近づくことができるのではないだろうか。先ほど、和字では子音と母音が合わさってしまって不便であるからアルファベットを用いる必要があると言ったのは、このためである。

第二の難事は政治上の難事である。『中庸』で「天子にあらざれば文を考えず」と言われるように、文字について考えて一定させるのは天子の役割とされてきた。私がひたすらこの説を主張したとしても、政治上の許可がなく、文部省から咎められて禁止されれば、すべてが無駄骨に終わる。しかしながら、現在は、維新という制度の立て替えの恰好の時機にあたっており、政治に携わる公卿や大臣たちもみな、変革による進歩の重要性を理解している人たちである。道理をもって説得すれば、国家に利益があって害がないことを理解し、許可を与えてくれるに違いない。そうであれば、第二の難事も除去できないものではない。

第三の難事は費用の問題である。これは明六社の会計上の規則とも関連してくるが、この説を実施するための費用は、実はたいしてかからない。必要なのは、第一に、集会にかかる費用だが、これは自己負担でも足りるだろう。第二は書記費、第三は印刷費で、最初に必要な費用はこれだけである。徐々に事業が軌道に乗ってきたら、字書・文典・そのほかの諸々の文書を印刷するための費用が必要になる。このための費用は、社中に加わるメンバーがみな、三円ずつを出し合い、このお金を積み立てることによって賄うことができる。十人で三十円、百人で三百円、徐々に増えて千人になれば三千円になって、当面は必要な費用をカバーできるだろう。

費用という問題からは離れるが、正規メンバー以外のメンバーには、議定のうえで文典の規則が整い印刷の時期に至ったら、二、三枚ずつの刷り物を配付し、定められた規則を守らせ、もし不審な点があったら質問に来ることを許し、新たな考えがあれば正規メンバーに提示して採用・不採用の討議に掛けるといった特権を与えるべきである。そして、社中のメンバーは、書簡のやりとりや、学問・技芸・文章のことについて意見を述べ書物を著すことがあれば、この法則に従って習熟する必要がある。もっとも、社中内ではなく世間に出す著述書・翻訳書は、このかぎりではない。このようにして、社中を徐々に広げていったならば、三年後には、国中で二、三万の社友を獲得できるだろう。三万人とすれば九万円の費用を捻出できることになる。そうなれば、印刷も著述も翻訳も社の機関誌を出すことも、何事もできないことはなくなる。

ただし、結社を作る際に最も大切なのは、社中の正規メンバーを選挙する方法をしっかりと定めることである。選ばれた正規メンバーは事業に熱心に取り組むが、わざわざ人に勧めたり誘ったりする必要はない。とくに見識の浅い年若い生徒らをメンバーに入れるようなことはせず、たいそう秘やかにやる必要がある。というのは、人の本性にある好奇心をかき立てるには秘するのがよいからである。そうすればいよいよ社に対する好奇心が盛んになるだろう。そうすれば、有志の人が集まり、結社の結束も堅くなることだろう。

そしてまた別に一つの利がある。もしもこの結社が設立されたら、結社に入る人は、漢学者であっても国学者であっても、あるいは学者ではない人であっても、みな有志の人であって、洋風に向かう仲間であるはずであり、「英雄の心をしっかりとつかむ」と言われるように、天下の人材をこの社中に網羅することになるであろう。そうであるならば、方法さえ適切であれば、学問、技芸、文学、倫理、いずれにおいても人々の意見が一致して、文明の浸透を妨げている例の暗愚の頑強な軍隊を殲滅し、わが文明の凱歌を奏でるに至るであろう。それにかかる年月の胸算用としては、一年でおおよその法則が定まり、二年で都市までには伝播することができ、三年でひとまずの完成をみ、七年で天下に広がり、十年で女性や子どももこれを唱え、小学生はこれを入門の学問とするに至るであろう。

ところが、いま述べた三難をまさに除こうとすると、新たに一難が起こる。この一難とは何かというと、社中のこの事業に従事するはずの者には、もとより自己の私利については まったく損益がないということ、いや、むしろ損はあっても益がないということである。彼らの志は、ただもっぱら天下の人々の生活のためであって、いわゆる「天下のことについて世の人に先んじて憂え、遅れて楽しむ」という立派な心がけだけに基づかなければならない。したがって、最初はもちろんのこと、始め、中、終わり、いずれの時期においても、いくらか喜ばしくなかったり疲れてイヤになってしまったりするといったことがあるのは避けられないだろう。この難点を取り除くには、ただ諸先生方の奮発・責任感・尽力・忍耐の四つに頼るしかない。もしもこの点で一つでも欠けるときは、事業は決して成し遂げることができないことは言うまでもない。私が最初に自分の提案を「驚くほど怪しい」と言ったのはそのためで、前触れもなくこのような説を見れば、軽率にも時流に迎合し、天下を西洋化の道に導いてゆくもののように見えるだろう。また、冷静に見れば、迂闊で時勢を知らず、人情からかけ離れているようにも見えるだろう。しかも、奮発してこの説を実行しようとするのは、戦場での一番槍や主君に対して諫言し続けるといった難事にも劣らない、筆舌に尽くしがたい苦難なのである。

ヨーロッパの人種はいまや世界の最上位にある。これを心理上から論ずれば、ヨーロッパの人種は、物事を観察することがひときわ細密であって、その細密な部分を積み上げることによって今日のような盛大に至ったのである。果てしなく広がる天体の観察も、ニュートンが一つのリンゴが落ちるのを見て万有引力の法則を発見したことに基づく。百万の軍隊を動かすのも、一兵卒の身体を訓練するところに始まる。蒸気船が世界の海を自在に行き来するのも、蒸気が膨脹する力にほかならない。電気が世界中に行きわたるのも、フランクリンが一枚の凧で捉えた微弱な電気がきっかけであった。文芸や学術が世界に冠絶しているのも、アルファベット二十六字が相連なったものに過ぎない。だからこそ、アルファベットを採用するところから始めるべきなのである。自分はかつてこの事業を遂行する順序を考えたことがある。それは次のようなものである。

第一　アルファベットと日本語の音とを組み合わせて文字と音の対応を定める。

第二　日本語音に高低アクセントの区別がある。そのルールを定める。

第三　単語の性質を定めて数種類の品詞とする。

第四　単語に、前天、つまり、雅語のレベルで語形変化しているものと、後天、つまり、雅語に従って綴り、俗語に従って発音するものとの区別がある。この前天と後天の区別を定める。

第五　綴り字の規則を定める。

第六　発音の規則を定める。

第七　語形変化の規則を定める。

第八　動詞の法と時制を定める[4]。

第九　漢字音を用いるときの規則を定める[5]。

第十　ヨーロッパの言語の単語を用いる際の規則を定める。

そのほか、語格のようなものは、後日の研究成果が挙がるのを待つべきである。右のとおり、少しばかり愚考を述べて諸先生方に可否を問いたい。必ずしも採用を望むわけではないが、諸先生方に御覧いただければ、はなはだ幸いである。

［1］ イ・ヨンスク『「国語」という思想―近代日本の言語認識』岩波書店、一九九六年、三三―三四頁。

［2］ 後に「前天」と「後天」の区別が出てくるが、「前天」はここの「先天」と同じ意味であろう。「後天」は、雅俗の相違を、雅語に従う綴りと俗語に従う発音によって調停するものである。ここで西が挙げている例で言えば、「をもしろし」という雅語に従って「omosirosi」と綴りつつ、俗語に従って「をもしろい」と発音するケースである。これに対し、「先天」「前天」は、雅俗の相違が生じる以前に、雅語のレベルですでに語形が変化しているケースである。ここで西が挙げている「なる」と「にある」の場合、「にある」が縮まって「なる」に変化したと考えられるが、「にある」が雅語で「なる」が俗語という関係ではなく、雅語のレベルでの語形変化であり、「なる」は雅語である。そこで、語形変化前のniaruではなく、語形変化後の雅語に従ってnaruと綴る。そのうえで、naruを「な」と発音するのは、俗語に従った発音である。また、西周は「にある」を「副言・働言の重なるもの」と説明しているため、「に」を「副詞」、「ある」を「動詞」と解したが、

現代の文法では「に」は助詞とされる。

[3] 子音と母音が合わさってしまっている仮名の場合、たとえば、雅語に従って「をもしろし」と綴り、俗語に従って「をもしろい」と発音するなら、綴りと発音のズレが大きくて雅俗の調停がしにくいが、子音と母音を分けることのできるアルファベットを使えば、「omosirosi」と綴って「をもしろい」と発音するので、綴りと発音のズレが少なくなり、雅俗の調停がしやすくなるということであろう。

[4] 西周『ことばの いしずゑ』に「はたらきことば」に関する議論がある。そのうち、「かたちつくり」が動詞の活用に関する議論で、「第七」の「語形変化」に対応し、「とき」「さま」についての議論が「第八」の「時制」「法」に対応すると考えられ、「さま」については断定・命令・願望といったムードに関わる議論がなされている。

[5] 混用されている漢字の呉音・漢音・唐音を統一するための規則のことを言うと思われる。

第5章

教門論

解題

『明六雑誌』に六回にわたって連載された、ある種の「宗教論」である。

文明化、近代化が進行するに従って、宗教や聖なるものの影響力は弱まっていく。政治と宗教とが分離する傾向が強まり、合理化が進行していく。そういった一般的な理解からすれば意外なことに、江戸時代の日本社会はすでに非宗教的な社会であった。徳川政権は、宗教によって自らの政権の正当性を主張しようなどとはまるで考えていなかったし、武士や知識人らの多くは、いかなる宗教も信じていなかった。宗教などは寺社奉行を通じて統制すべき対象として位置づけられていたに過ぎず、少なくとも、政治と宗教との関係は希薄であった。「政教分離」や「世俗化」といった理念が理解されていたわけではない。そんな理念が掲げられていたわけでもない。しかし、近代化に向けて実現しなければならないはずのその課題は、現象面から言えば、すでに実現済みだったと言える側面があるのである。

しかし逆に、すでに「政教分離」状態にあった徳川の世が終わったとき、日本は一時的に宗教国家化しかけた。明治三年には、祭政一致を目指すべく再興された神祇官のもと、「大教宣布」と呼ばれる神道教義布教を目指した国民教化運動が展開された。布教の規準として「三条の教則」が定められ、布教機関として教院（大教院、中教院、小教院）が設けられた。このような神道国教化に向けた政策が進められると、それに対する仏教勢力による巻き返しのための運動が展開された。もちろんその後、キリスト教も含めた信教の自由が定められたし、神祇官は神祇省に格下げされ、教部省に引き継がれた後、明治十年には教部省自体が廃止された。国教が定められることもなかった。総じて言えば、明治国家もまた政教分離を原則とする世俗の国家として成立していったわけだが、そのような方向性がおおよそ定まってきたのは明治十年前後からのことである。本論説は、いまだ宗教をめぐる状況が、まさに流動的であった時期に書かれたものである。

「教門」は、今日では「宗教」と訳されている“religion”の訳語のうちの一つである。“religion”は当初、「教門」のほか、「教法」「法教」「教」などと、人ごとに異なる語で訳されていた。「宗教」という訳語が定訳になったのは、井上哲次郎らによって編纂された日本最初の哲学辞書である『哲学字彙』（明治十四年）が“religion”の訳語として「宗教」を掲げて以降頃のことと推測されている。訳語が容易に一定しなかったのは、"religion"という概念自体が、当時の日本人にとっては理解しにくかったことに一因があると言われてきた。確かに、"religion"という西洋由来の概念をはじめて知った人々は、即座にそれに一致する概念が日本語の語彙のなかに存在するとは認識しなかった。"horse"という単語を知り、それが「馬」を意味するものと分かれば、訳語は即座に「馬」に定まる。日本には存在せず、日本人が知らない動物という場合でも、それを見さえすれば「この動物は○○と言うのか」ということで問題は解決する。しかし、抽象的な概念に関しては困難が伴わざるを得ない。江戸時代から明治前期の日本人にとって、"religion"とはまさにそのような概念だったというのである。

もしも"religion"が愚民を統治するための便利なツールであり、宗教政策とは統治のための陰謀に過ぎないものであったならば、「西洋における仏教のようなもの」として"religion"を理解することも可能だったかもしれない。もしもそうであったならば、かつて仏教や神道がそうであったように、"religion"は権力が管轄し統制しつつも、利用すべき対象としてのみ捉えられたことだろう。しかし、西洋人にとっての"religion"は、必ずしもそのようなものではないらしいということには、容易に気づき得た。文明化が進めば進むほど脱宗教化が進むはずだという「政教分離」や「世俗化」という近代社会の原則にもかかわらず、西洋諸国では、知識人や政治家でさえ信仰心を抱き、"religion"を重要なものとして扱っていた。"religion"という概念には、江戸時代における仏教や神道などとは違った含意があると理解したからこそ、訳語そのものという時点で苦闘せざるを得なかったのである。

しかし、実際に"religion"として具体的に想定されたのは、仏教、神道、キリスト教であった。そこに儒教を含める理解は稀である。儒教を除くこの三者こそは、まさに江戸時代において寺社奉行が管轄し統制していた対象であった。だとするならば、"religion"とは、要するに寺社奉行が管轄していた〈あれらのこと〉という理解も可能だったはずである。その場合、西洋でもまた、"religion"は愚民を統治するための便利なツールであり、だからこそ、西洋の為政者や学者たちは、そのことを必死に隠し続け、あたかも敬虔な信仰心を抱いているかのように振る舞っているだけではないか、と考えることになる。しかしその場合でも、日本では、キリスト教はもちろん、仏教、神道も根づいてはおらず、それらはいずれも民を教え導く力が弱過ぎるということが問題になり得た。だからこそ、民をまとめあげるためには、西洋におけるキリスト教のように、国家の機軸になるものが必要と考えながらも、伊藤博文は、宗教そのものがその役割を果たすことが可能だと考えることはできなかったのである。伊藤は、国家の機軸を、宗教の代替物としての天皇（皇室崇拝）に定めざるを得なかった。いずれにせよ、“religion”とは何なのかということを理解することそのものが、当時の日本社会にとっては大きな課題であった。

西は、神道国教化に向けた政策のほか、それに対する島地黙雷らを中心にした仏教界の動きに対しても違和感を抱いていたのみならず、明六社同人たちの宗教論とも異なる見解を持っていたように思われる。儒者であると同時にキリスト教に好意的な関心を持っていた中村正直は、キリスト教の国教化を目指すために天皇自身が率先して洗礼を受けるべきだと述べていたし、自らは無神論者であった津田真道は、日本の文明化を実現するためには無知蒙昧な民を宗教によって導くしかないと考えていた。民を導くために採用すべき「宗教」としては、文明国が採用しているキリスト教が適しており、そのなかでも最新のものを採用するのがよいのではないかと訴えていた。本論の議論は両者のいずれとも異なっており、祭政一致の弊害を指摘する信教自由論の立場に立つものである。そして本論に対しては、柏原孝章による反論「教門論疑問」が『明六雑誌』の後の号に掲載されている。本論は、当時における知識人の代表的な議論などでは、決してなかった。

西は、「宗教」のもとになるのは「信」であるとしながら、「信」とは「知」の及ばないところに成立するものという独特の定義を与えている。そのため、本論は、「信」や「宗教」を論じる以上に、「知」もしくは、思考方法こそを論じているように見える部分もある。「松岡隣宛書簡」において「彼の耶蘇教などは、今西洋一般の奉ずる所にこれあり候へども、毛の生えたる仏法にて、卑陋の極、取へきことこれ無きと相覚え申し候」(『西周全集』第一巻、八頁)と記すなど、仏教、キリスト教を軽視する姿勢があったことをも加味すると、本論を執筆した西の意図は、「宗教」論を展開するところにあったのではなく、「宗教」をめぐる議論の場を借りることによって「知」や思考方法を論じようとしていたのかもしれない。

教門論 一（『明六雑誌』第四号、明治七年四月二日）

「教門」（以後は「宗教」と表記）は「信」の領域に成立するものであり、「信」とは「知」が及ばない領域に存在するものである。ある事柄について知り深く理解するということは、その事柄についての知識がわがものとなるということである。そのとき、それは「信」の領域の話ではなく、「知」の領域の話になる。他方、理解できない事柄については、すでに有している知識をもとにして推測したことを信じるということしかできない。それは依然として、「信」の領域にとどまる話である[1]。その場合、そのことについて深く理解しているわけではなく、あくまでも信じているに過ぎないからである。とするならば、庶民が木や石、虫や獣の類を神と崇めて信じている姿を馬鹿にするわけにはいかないはずである。なぜなら、高明博識を自認する者たちが「天」を信じ、「理」[2]を信じ、神だとか造物主だとかを信じるのも、程度の違いはあるにせよ、知らずして信じているという点では、何ら変わらないからである。両者はともに、理解の及ばないことを信じているに過ぎないのだ。

そして「信」が心のなかに生じ存するものである以上、他人が奪ったり、押しつけたりすることはできないし、すべきでもない。政府といえども、国民に特定の宗教を信じさせたり、信じないようにさせることは不可能である。したがって、宗教政策としては、それぞれの国民がそれぞれに信じているがままに任せるしかない、ということになる。というのも、政府とは何なのかを考えれば、それはあくまで人によって構成されるものに過ぎず、人に課せられた条件や限界は、そのまま政府にも課せられるざるを得ないからである。そうである以上、高明博識で才能あふれる偉人であったとしても、知の及ばないことに関しては、ただ信じるしかないのと同じように、政府もまた、知らずして信じるというあり方しかあり得ない。自分自身が知らないことを、他者に信じさせようなどということが可能だろうか。それは無理というものである。無理なことを強いる権限がないことは明らかである。

以下では、「知」の及ばない領域に「信」が成り立つという前提から、「知」の多寡、そしてその発展によって「信」のあり方も変わり得るということについて、論じていきたい。信のあり方が変わり得るなどと言えば、それは、いままで信じてきた神を棄て、それとは別の神を新たに信じるなどということがあり得ると想定することであり、それは本末を失しているのではないか、といった疑問があり得よう。何を信仰するにせよ、信仰心は不変であるとの想定に基づいた疑問である。私はそれに対して次のように答える。『『信』に本末などは、そもそもないのだ」と。「信」をめぐる、あるべき態度と言えば、「自分が真と思ったものを信じる」ということに尽きる。そこには本末などあり得ないのである。庶民が木や石、虫や獣を神の化身と思って信じるのも、彼らがそれを真であると考えたからにほかならない。もしも後に、それが間違いであると思い至れば、彼らはそれを信じるのをやめるであろう[3]。真とするところを信じるのが「信」の真なるあり方である以上、そこには本末も正変もないのである。本末を失しているなどという理屈によって、どうして人の「信」を奪ってよいなどということがあろうか。もちろん、そんなことはあってはならない。

さらにはまた、「そのような主張は、国体との関連で問題ではないか」[4]といった疑問があり得る。政府は宗教を是非する権限を持たず、信仰は国民の自由に委ねるということにするのならば、これは国体を害する主張ではないかという疑問である。

しかし、政治と宗教とは、そもそも同じものではない。国民は、生まれてから死ぬまでの間、一時たりとも政府が制定した法律の適用を受けないわけにはいかないし、その禁令に従わないというわけにもいかない。ただし、政治や法律の世界では、心から法律を尊重して従おうとしているのか、それとも仕方なしに従っているのかということは問題にならない。重要なのは、何はともあれ法律に従った行動になっているかどうかという事実であり、それのみが問われる。政治の主たる目的は、多くの人々をまとめあげて国を作り維持することであり、そのために、不正な行為によって他者の権利が侵害されることがないようにすること、治安を維持することにある。これこそが政府の義務であり、それを遂行するために権限が与えられているのである。それ以外のことは、付随的なものに過ぎない。

このような政治のあり方と比べれば、宗教はまさに正反対のものだと言える。宗教が関与するのは、現世だけにかぎらず、過去、未来にも及ぶ。その行動が法律の範囲内に収まっているかどうかという外形的なことではなく、行動や言動に表れない内面、心のありようこそが、宗教の扱う問題である。その主たる目的は、帰依する人を集め、その人々の内面における善悪可否を問い、彼らを善に服させ悪を改め、死後の安楽へと導くところにある。以上のような宗教の目的を踏まえれば、それに服する信徒たちが、現世における政令・法律の外に出ることはないと分かるだろう[5]。政治と宗教とは、その根本からして異なるものであり、その本質においては両者は衝突し合わないものなのである。したがって、宗教によって政治が害されるなどという懸念を抱く必要はないと言えるだろう。

とはいえ、世の中には、神教政治（theocracy）という政治形態がある。はるか昔の時代のユダヤ、エジプト、インド、いまのチベットのような国のことである。未開の世においては、衆人よりも突出して優れた人物が政治と宗教の権を一手に握り、教えによって治めていた。そんな時代のこととして考えればやむを得ないことであったが、人智が開けてくると、人々は、そんな虚妄を信じるのをやめ、かくして神教政治は廃れていった。つまり、政府が宗教の力を借りて政治を行い得るのは、あくまでもチベットのような国民が無知蒙昧な未開社会の場合だけであり、いずれは終わりを迎えるのである。国民に虚妄を見抜かれてなお神教政治に固執すれば、国そのものが亡びてしまうのは必然である。

一つ具体例を挙げよう。文化が開けていない時代の、とある王国では、国王のみが日食、月食の理屈をいくらか知り、その発生をおおよそ推測することができたらしい。その知識は王家だけで伝えられる秘密であり、王座がまとう神秘性の秘訣であった。国民たちは、不可思議な天の運行を予測できる国王に特別な力があると信じ、敬服したのである。しかしその後、世が開け、一般人でも容易に日食や月食の理屈を知るようになり、おおよその発生予測もできるようになると、それに合わせて王家は権力を失うに至ったという。この王家は、真に政治の根本に据えるべきものを据えず、虚妄によって支配の正当性を根拠づけようとしていた。そこでは、虚妄が虚妄であるとばれないようにすることが、政治における最重要課題となる。そのような不確かな基礎に基づく政治を続けていて、滅亡に至らない政権などありはしないのだ。

神教政治的なやり方を部分的にでも取っている政権は、速やかに政治と宗教との関係を断ち切り、宗教の弊害を政治に及ぼさないようにしなければならない。

教門論 二（『明六雑誌』第五号、明治七年四月十五日）

政治と宗教とを分岐させ、政治権力が行使され得る範囲を明らかにし、公正な法律を定め、それによって国民を統治することができていさえすれば、国民が数百にも及ぶ宗教のうちから各々信じたいものを信じたとしても、それが政治に害を与えるなどということはあり得ない。したがって、政府が宗教に干渉する必要はないし、すべきでもない。

しかし、政府の側からではなく、宗教の側から政治と宗教との密接な結びつきが生まれることもある。それもまた問題である。たとえば中世ヨーロッパにおいては、各国の政府は宗教と密接な関係を持っていた。王権は宗教に依拠し、宗教をめぐる戦争が発生したりもしていた。たとえば、フランク王国のカール大帝は、ローマ教皇から冠を受けることによって皇帝と称することができたし、ハインリヒ四世は、ひれ伏して法王に願ったものの許されず、当初はその位に復することはできなかった。いわゆる「カノッサの屈辱」である。破門や異端審問といった諸制度の存在からも明らかなように、教会の力は実に強く、宗教の弊害は極めて大きなものだった。

近代になると、そういった弊害が認識され始め、政治と宗教とがはっきりと分離するようになった。教皇は国家との関係を持たなくなったが、もはや信徒たちは、そんなことを気にすることもなくなり、一国のなかに、ユダヤ教徒とキリスト教徒、プロテスタントとカソリックとが、同じ国民として共存するようにさえなったのである。政治と宗教との間には截然と線が引かれ、もはや宗教が政治を害することもなくなった。

　そのような国家において、政府は、あくまでも紛争を防ぐという目的のためにのみ宗教行政に関わる。その宗教が狐を奉じようとも、狸を信じようとも、如来、天人を崇めようとも、それには一切関わらない。宗教の盛衰、信徒の多寡も、それぞれの教団に委ねるべきこととし、政府は関わらない。政府はただ、政治に害あるものを禁じ、その一線を厳しくして、その線を越える者を厳しく処罰するだけである。そこでは、わずかたりとも、教義や信仰心の是非といった問題には立ち入らない。これが近代国家における宗教行政のあり方であり、政治と宗教とのつながりを断ち切る方法である。

　政府は、あくまでも外形に表れる部分を制するだけであり、内心の可否を問うたりはしない。すでに述べたとおり、政府が国民の内心を制御しようとしても成功しないことは明らかである。国民一人一人の家を個別訪問して説得するなどということができるわけもないし、鞭を振るって責め立てたとしても無駄である。服従したふりをして内心ではまったく従っていないというような事態になるだけであろう。どうして内心までを本当に変えるなどということができようか。『論語』子罕篇に、大軍を相手にしてさえ、その帥（総大将）を奪うことは不可能ではないが、取るに足らない匹夫を相手にしてさえ、彼らが一度決めた志を奪うことはできないという話がある。古今に通じる道理と言うべきだろう。だからこそ、宗教を管轄する役所は、内心における信仰の内容には関わらず、ただ外形に表れてきた行動だけに関心を払う。その行動が法に反する場合にのみ、それを禁じ、処罰するだけで十分なのである。

帝なり王なりと呼ばれている主権者を尊重し崇敬するのは、国民の義務である。国境を越えてその国に踏み入った者は、すべてその義務を負うし、その国に生まれ住み続けている者であればなおさらである。それは、法律に書かれるまでもない明らかな義務である。したがって、もしもこの義務を果たさない者がいれば、事の軽重に従い、国外追放にしたり死刑に処したりしても何ら不当ではない。しかし、政府が国民に対して、帝なり王なりを、あたかも「神」や「理」、「造物の主宰」などといった宗教上のものと同様のものとして信じさせようとすることは、言うまでもなく不当であり、そしてまた無駄である。帝王がいかに尊厳ある者だとしても、結局は人間である。先に確認したように、人間である以上、その「信」は、自分が知らないところに生じるものでしかあり得ず、おのれの知的理解が及ばない事柄を他者に信じるよう強いてもうまくいくはずがないということだった。まして、神とか造物主とかと同等の位置に居座ろうとしたところで、誰がそんな馬鹿げたことを信じるだろうか。

西洋諸国の国王は、閲兵したり、アカデミーを開いたり、病院や工場を訪問したりする労苦を惜しまず、馬を走らせて各地をめぐり、国民たちと親しんでいる。そういう行為に対して、国民は信頼を寄せるのである。チベットの生き仏であるダライ・ラマを人民が拝するのとは異なるのだ。『孟子』告子上篇に、どちらも美味なるものの象徴である魚料理と熊掌との両者を同時に食べたいと思ってもそれは不可能なので、熊掌を選ぶという話が出ている。同じように、国王は、政治的な君主でありながら宗教的な権威でもあろうとするのではなく、政治を選び、宗教には関わらないようにという決断が必要である。したがって、宗教を管轄する役所は、国民の信仰を自由にさせ、外形に表れる行動を法律によって制するだけでよいのである。

では、外形に表れる行動を制するための法律の具体例として、どのようなものを考えることができるだろうか。以下、いくつかの例を挙げて説明してみよう。

第一に、異なる宗教団体同士がお互いに言い争うことは禁じるべきである。そういった言い争いをする者がいれば、主張の是非に関わることなく、争論を起こしたという事実をもって罰すべきである。もっとも、書物によって理の可否を論じることまでを禁じる必要はない。ただ、その主張が罵詈に相当するような場合には罰するというだけで十分である。

第二に、諸宗教の信徒の挙動が世の風俗を乱すと疑われる場合は、これを禁じるべきである。また、信仰に疑いが生じて教団を抜けようとする自由が保証されていなければならず、教団がそれを妨害しようとするならば、国家は教団のほうを罰しなければならない。宗教を一切信じないのも、複数の宗教を信じるのも、すべて自由であり、やはり、それを妨害しようとする側こそが罰すべき対象となる。あるいは、一つの村で多くの者が共通の信仰を抱いているという場合、同じ村内に住む者であるからという理由で、信徒ではない村人に迫ってお布施や寄付金を強いるということが起こりがちである。しかしこういった行為も、同様に禁じるべきである。

第三に、政府の許可を得ずに、神社や教会を建てることは禁じるべきだし、政府が許可した神社、教会以外の場所で宗教的儀式を実施することも禁じるべきである。たとえば、旗や幟のような宗教上のシンボルを掲げたり、楽器を鳴らして祝文を唱えるといった行為は、政府が許可した神社、教会内においては自由とする一方で、ほかの場所で行うことは厳しく禁じるべきである。葬式や祭祀の場合も同様であり、許可された敷地内以外では儀式を行ってはならないということにすべきである。もちろん、自分自身の家のなかに祭事を行うための祭壇を作り、仏具を設け、祈祷祭祀することはまったくの自由であるが、たとえ小さな社といえども、家屋の外に建てることは禁じなければならない。

それ以外にも、たとえそれが信徒の自宅内であったとしても、十人以上の信徒が集会を開いたり、無人の山林地であったとしても、官許の施設内以外では、信徒が集まって集会することは禁じなければならないし、道端に祠や仏像、塚などを建て置いたり、信徒が奇妙な服飾をまとい、木像や石主の御開帳と称して人を集め惑わすといった類も禁じるべきだろう。信徒にはそれぞれの教理を遵守させるべきである。これらの禁令のうち、重大なものは刑法に定めて司法部門が管理し、軽いものは風俗取り締まりの法規に掲げてそれを管轄する役所が取り締まるべきである。宗教を管轄する役所は、それらを点検するだけでよい。他方、教団内における位階については、国家の管轄外であり、政府が関与してはならない。もしも政府が、宗教上の教師の選任や黜陟といった人事に関与するならば、それはせっかく切り離した政治と宗教を再び結びつけたり政府がその宗教の教えを奉じるということになる。そんな馬鹿なことはしてはならない。

教門論 三（『明六雑誌』第六号、明治七年四月二十八日）

政治と宗教とを分岐させるためには、ここまでに論じてきたことのみで足りるだろうか。私は、ここまでの議論に加えて、さらに、一、二の方法を提起したい。

第一に、政治を行ううえで基本とすべき根本原則を明らかにし、政治と宗教との関係を絶つということである。

皇統が万世にわたって継続してきたことはわが国の制度において重要なものであり、これと食い違うものは制限せざるを得ないが、皇統の祖神である天照大神の意思によるものとして政策を権威づけようなどと考えてはならない。そんなふうに考えるならば、太陽神を崇拝しインカ（太陽の子）文明を築いたペルーの旧王朝と同じになってしまう。

また、政治を行うのは君主の「天職」というべきものであり、各国の君主が政治の大権を有するというのはどこの国であっても同様である〔6〕。各国の君主はそれぞれの国の政治の大権を有するという点で対等なのだから、日本の皇室のみを太陽神の権威と結びつけたりすることによって、他国の王室よりも上位に位置づけようなどとしてはならない。もしも天皇家を過度に神聖化すれば、それぞれの国家を対等なものとして扱うという国際関係の原則から外れることになり、外交上のやりとりにおいて不具合を生じさせることになるからである。そのため、詔勅などの公文書においてもこの点を考慮し、天皇家をほかの王室に優越する至高の存在とするような表現を用いないように注意しなければならない。

第二に、西洋においては、儀式を管轄する役所は国王の宮中に属し、礼法にのっとった儀式や饗宴などをつかさどることになっている。神や祖先の霊をまつる祭祀、儀礼は、王家の家事に過ぎないという位置づけである。王家以外の人々が、彼らの神や祖先を信仰しまつることに関しては放任し関わるということはない。政府は政治に関わることだけを任務とし、合わせて文教につとめるだけでよいという発想である。そうすることで、人智は日々進み、政府の命令を俟つまでもなく、民が信じるものも自然に高尚になり、やがて人々は、かつての迷妄に基づく信仰を離れ、純粋で簡潔な信へと至っていくことになるであろう。政令によって民の信仰のあり方に干渉する必要など、まるでないのである。

文教と宗教との関係はどのようなものになるだろうか。あらゆる学問は、人智を開明へと導くものである。それに対して宗教は、人智の及ばないところ、すなわち信の領域に属するものであった。したがって、学問や教育と宗教とでは、その本質において天地ほどの違いがあるのである。とはいえ、この点が重要なのだが、学問・教育が進歩していけば、人が信じるものも、自ずから高尚なものになっていくことは間違いない。たとえば、狐や蛇、天狗を神とする無知蒙昧な信仰は、動物学を学べば、道理の通らないものであることに気づき、おのずからやんでいくだろう。電気の学、気象学を学べば、雷や風雨、雷神、風神を信じるようなこともなくなっていくだろう。地質学に通じれば、地獄を彩る血の池や剣の山などは、子どもだましだと分かるだろう。神話学、古生物学を修めれば、太古の昔から口伝えされてきた説が、いかにデタラメなものかもはっきりする。このように、人智が開明されていけば、無知蒙昧な信というものは取り払われていくのである。かくして、智の進歩と共に、信は智の段階に応じた純粋で簡潔なものへと変容し、政治と背馳するなどということもなくなっていく。どうして、政府が権力を用いて民の信仰の領域に介入する必要があるだろうか。

教門論五 [7]（『明六雑誌』第八号、明治七年五月三十一日）

民に特定の信仰を強制することは無意味であり、かつ不可能でもあるということは以上の議論で明らかであろう。しかし、では、政府は民が好むところに任せて、一切、信仰の領域に関与しないでよいのだろうか。

政府と民との関係は、あたかも父母とその子のようなものである。政府が威権を用いて民に特定の信仰を強いることは許されないとはいえ、できることなら民が惑溺を離れ、善なる方向に向かうことを欲しないわけがない。問題は、そのために何をすべきであり、何をしてはならないか、である。

「信」とは、知の及ばない領域に存するものであることはすでに述べたが、知るところの大小、深浅というものはもちろん存在する。そして、「知」の領域が大きく深い者の「信」は、必然的に高尚なものになる。たとえば、世界がどれだけ広いかということを真に知ることは、誰にとっても容易ではない。とはいえ、用いる尺度が何なのかによっては、世界の広さの測り方には差異が生じてくる。世界の大きさが何丈なのか（一丈は約三m）と考えるよりも、何里（一里は約四㎞）なのかと考えて測ったほうがよいし、何寸（一寸は約三

cm）なのかと考えるよりも、何尺（一尺は約三〇cm）なのかと考えて測ったほうがマシだというのは明らかであろう。人の知というものについても、同じことが言えるのではないだろうか。世界の大きさを数えるのに丈を用いるよりも里を用いたほうが、相対的にはその実相に迫りやすいのと同じように、知識の範囲が広く大きい者は、そうでない者に比べて、その「信」も、相対的にはより高尚なものになると言えるのではないだろうか。小民が狐や狸、虫や蛇を神として信じるのも、賢者が上帝や主宰者を信じるのも、両者ともに知らないものを信じている点では同じだが、やはり両者の「信」の間には、大きな違いがあると見るべきではないだろうか。もしもそうだとするならば、政府は、民の「信」のレベルが上がるようにという思惑を込めて、賢人、哲人の学問を奨励することが望ましい。学問を奨励し、その発展を促すことは、人類の「知」の領域の拡大に寄与するからである。それが部分的にでも実現していけば、「知」の及ばない領域に根ざす「信」の領域は狭くなっていき、「知」の裏づけのない蒙昧な「信」が存立する余地はおのずと減少していく。学問をする者が自由な研究活動に従事できるように環境を整備してやれば、彼らは研究活動に邁進し、発見した真理を人々に説明して人々に押し広めようと努力するだろう。それによって、庶民は徐々に感化されていき、道理に外れた「信」のあり方は是正されていくに違いない。政府は、民に特定の信仰を強いたり禁じたりすることとなしに、しかし学問の奨励によって、結果として、民の「信」に関与することができるのである。

賢人、哲人にも「信」の領域が残るのは庶民と同様である。空がいかに高いか、太陽や月、星がいかに遠くにあるかを、肉眼によって正確に知るのは難しい。しかし、望遠鏡の発明によって、地球からの距離がどのくらいかを知ることができ、その実体を観察することもできるようになった。天王星、海王星から月のクレーターに至るまで、その理を明瞭に把握できるようになった。そのようにして知の領域を拡大させてきた現代人の「信」のあり方は、かつてとは違ったものになっていると言えるだろう。

心理上の智についても同じことが言える。たとえば、賢哲たちは、万物の存在理由を知ろうとし、心の微細な働きの法則性までを究めようとするなかで、主宰者という存在がその背後にあることを推測した。その存在を信じた彼らは、その命じるところに背くべきではないと考えた。そうして、『詩経』や『中庸』にある「屋漏に愧じず」、つまり、他人の目が届かない家屋の中の最も奥まったところにいてさえ、恥ずかしい行いをしない、ということが可能になったのである。これが、儒教にかぎらず、古今東西の賢哲の

「信」のあり方であった。もちろん、宗教が違えば、道徳、礼儀のあり方は異なるし、神を礼拝する儀式のあり方も異なる。これについては各人が好きなように選ぶしかない。

教門論 六（『明六雑誌』第九号、明治七年六月十二日）

ある人が、次のような問いを発したとしよう。あなた自身は、何らかの信仰を持っているのかという質問である。その質問に対しては、「ある」と応えよう。私は、「ただ真なるものを選ぶ」という信仰を持っている。もちろん、何が真であるかは知り得ないのだから、「真に近いものを選ぶ」と言い換えたほうがよいかもしれない。

では、どうすれば真に近いものを選ぶことができるのだろうか。方法は、もちろんある。まず、真なるものを選ぶためには、習俗や家の伝統などに拘泥してはならないし、世間の毀誉を顧みてはならない。他人の勧奨に依拠して考えるというようなこともしてはならないし、便・不便という観点で考えてもいけない。ただひたすら、自分の心が真もしくは真に近いと判断したものを選ぶという基準を貫かなければならない[8]。

私自身の心が、真もしくは真に近いと判断したものは、具体的にはどのようなものなのか、という質問があるかもしれない。私自身は、以下のように考察をめぐらして、常日頃、それをわが身を律する根本原則としている。しかしそれは、あくまでも一人の学ぶ者として考えてみたうえでの結論である。決して、庶民の惑溺や狂妄を啓発しようとして語るわけではないことには注意してほしい。

誰しも、心が善しとすることをなしたこともあれば、悪しとすることをなしたこともあるだろう。善事をなした後には、心からの喜びが沸いてくるはずだ。他方、悪事と知りながらあえてそれをなしてしまったときには、懊悩と悔恨とが訪れることだろう。しかし、それは「独知」つまり自分自身の良心の問題であり[9]、そのような心の働きはほかの誰も知り得ないことである。自分以外に知る者がないというのに、愉悦、懊悩といった気持ちが生じるのは、「性」(各人に生まれつき備わっている心の働き)によるものである。「性」というのは、誰が造ったのでもなく、各人各様、生まれつき自然に有する心の働きである。自分自身の生まれ持った「性」に従った行動をしたときに愉悦を感じ、そうでないときに懊悩を感じるということである。誰かに対して生じる気持ちというのではないのである。

さらに次のような問いを想定してみよう。では、あなたに対して不義を行う者がいたならば、あなたは怒らないだろうか、と。もちろん、怒る。自分に関係ない不義を見聞きしただけでも憤ることがあるのだから、自分自身に対するものとなればなおさらである。しかし、なぜ私は怒るのだろうか。私からすれば「不義」と思える行為をなした者もまた、その者自身の心の働きに即して考えれば、まさしく生まれながらの「性」に従ったただけなのかもしれない。それが、私からみれば「不義」に見えるというだけのことではないだろうか。当人にしてみれば、生まれながらの自然な心の働きに沿った行為をしただけなのだとすれば、他者がそれを憤るのは妥当なことだろうか。このように思考を進めてくれば、次のような極論すら導き出せるに違いない。すなわち、人がみな各人に与えられた「性」に従って生きていくことを是とするならば、盗み、傷害、果ては殺人にまで手を染める者たちもまた、それは彼らの「性」に基づいた行為に過ぎない、とする極論である。この極論に従えば、他人の心の働きを知ることができない以上、本人がそう言うのであれば、それを受け容れるしかあるまい。その者を捕らえ、処罰するための正当な理由など存在し得ない、ということになる。もちろんこれは、おかしな帰結である。

こう考えてくると、ここまでの説明は次のように言い換えなければならないだろう。「性」は自然に有するものではなく、天賦のもの、すなわち「天」が賦与したものであると。そう考えるならば、「天」は万人に対して等しく同一の「性」を与えていることになる。もちろん、天が我々に与えた「性」は善なるものであり、それゆえ、人間の基本的な性質は善であるということになる。そう前提すれば、犯罪者は、この天賦の「性」に反していることになる。だからこそ、私は、彼の行為に対して怒りを感じるし、刑罰に処するべき正当な理由を見出すことも可能になるのである。古くから、人が歩むべき道の本源は「天」から発するものであり、それが人の「性」に具わっているのだから人はそれを踏み外してはならないと言われてきたとおりなのである。「性」は誰かが造ったのでもなければ、自然に具わったというだけのものでもなく、天賦のものであると考えるほうが、真実に近い理解であるように思う。

しかし、「性」は天賦のものだとしても、我々の肉体はどうなのだろうか。肉体そのものは、父母によって形成され、君(政府)が作り上げ維持してきたさまざまな制度によって養われてきたものだと言える。だとするならば、天賦の「性」が自分のものであるのに対して、肉体は父母、君のものだということになるのだろうか。そうだとするならば、父母はなぜ、我々の肉体を造るときに美醜を考えなかったのだろうか。君はなぜ、万民の貧富を等しくさせず、格差を作り、そして温存させ続けているのだろうか。そういう疑問が生じざるを得ない。しかしもちろん、父母といえども、我々の肉体を自由に造り出せるわけではないし、君といえども、国民すべてを完全に等しい状態に統一することなどできるわけがない。とするならば、やはり肉体もまた、その意図など知り得ようもない天賦のものであると考え直さざるを得ないということになるだろう。「性」も肉体も、ともに天賦のものだとするならば、我々の根本は天にあるということになる。その意思や意図などは不可知のものであるとはいっても、二つとない無上な存在として「天」は確かに実在する、そう信じるしかない。これが、真に近い命題として、私が現時点で選択している「信」である。

ここで、「天」という語の意味を深く考えてみよう。「天」という語は「地」に対して用いられることもあるし、単に青空のことを指す場合もあるし、その青空が浮かぶ日月星辰を指す場合もある。しかし、空が青々としているのは、空気と光の作用によるものなのだから、それが何らかの意思を持っているなどということはあり得ないし、太陽や月を「天」と捉えるとしても、やはりそれが意思を持つわけもない。「天」に意思がないのだとするならば、どうして「天」が我々に「性」と肉体を賦与したなどということが言えるだろうか。

より慎重な検討を施すべき見解として、朱子学の主張がある。それによれば、「天」は単なる空、星のことではなく、「理」のことであるという。万物を貫き、その物をその物たらしめている「理」こそが「天」であり、それ以外に「天」なるものがあるわけではないというのである。この誤った考えに基づくかぎり、人は真の世界に近づくことはできないだろう。朱子学のように「天」を「理」と等値すれば、世界中のあらゆる過悪もまた理があって発生したものということになる。つまり、「理」は善悪に通じる名だということになる。「天」＝「理」だというならば、悪の発生もまた天理によるということになる。朱子学者たちは、天理と人欲とを対置させて述べてきたが、その際に、「理」に「天」の字を冠していたのはなぜだろうか。とくに善なる理を指して天理と言うのだろうか。だとしたら悪い理もあるということになるのではないか。

もし両者が意味内容を同じくするのなら、朱子学者が「天はすなわち理なり」というのは「理はすなわち理なり」を意味するトートロジーと化し、「天理」は「理理」のこととなる。これは馬鹿げた話である。そうではなく、「天」は「理」が生じるところを指す語であり、「天」と「理」とは区別されるべきだと考えなくてはならない。

比喩的に言うならば、天は国王であり、理は詔勅・法令に相当する。詔勅・法令そのものを国王と呼ぶのがおかしいということは誰にでも分かるだろう。朱子学の主張は、まさにこれと同じ誤りを犯しているのだ。「天」というのは、位を指す言葉であって、至高にして対になるものがないということを表現する言葉である。国王の府を政府と呼び、国王を尊んで殿下と呼ぶようなものである。そして、その主宰者としての性格を強調するとき「帝」と言い、人間の為政者と区別するために「上帝」と呼び、その働きの神妙不測を強調するときには「神」ともいう。したがって、「天理」というのは「神理」のことであり、不測・不可思議ながら、そうあらざるを得ない法則性のことなのだ。我々の精神と肉体とは、そのような意味での「神」によって与えられているのであり、だからこそ、その法則性にのっとって生きるならば、現世のみならず永遠に幸福を享けることができるし、逆にそれに違う行動を取るならば、災厄が訪れることになる。そう理解してみればよい〔10〕。

人間が万物の長として地球上に君臨しているのは、このことをよく理解しているからである。そうでなければ、人は万物の長ではあり得ず、ほかの下等生物と変わるところがない。私はそのように考え、不測・不可思議ながら、明らかに実在を感じざるを得ない「天」に違わない生き方をしようとしているのである。これが、私の心が真とし、真に近いとしているものである。

教門論七（『明六雑誌』第十二号、明治七年七月十七日）

上帝の存在を信じ、それを推尊し奉戴するという議論を展開してきた。これに対して、次のような疑問を想定できる。そのように考えることに、一体どんな利益、効果があるのだろうか。そもそも人の世には倫理綱常が一定して存在しており、人は通常、その道に従い、違わないようにして生きている。それでよいのではないか。その有無すら確かには知り得ない上帝などというものを持ち出し、多弁を弄し尊奉するのは惑溺であり、かえって神を瀆すことになるのではないか。そんな「信」は、庶民が狐狸木石を拝するのとほとんど何も変わらない、馬鹿げたことではないか。以上のような疑問である。

それについては次のように応えよう。「信」とはあらゆる徳の根元になるものであり、あらゆる行いの基本になるものである。「輗軏（げいげつ）なき車、何をもってこれを行（や）らんや」[11]とはこのことである。仁恵の人が美でないということはないと思われるだろう。しかし、仁恵の人であっても基づくところがなかったならば、それは婦人の仁、老婆の恵に過ぎず、かえって大仁・大恵を害することがある[12]。忠信の人であれば、それは善に違いないと思われるだろう。しかし、これもまた基づくところがなかったならば、奴隷の忠、情婦の信であり、かえって真の忠、真の信を失することになる[13]。才、智、学術を貴重すべきだというのは当然のことだが、やはり基づくところがなかったならば、才は変じて口先ばかりで人にへつらう悪人となり、智は人を偽り欺く狡知となり、学術は悪賢い不義を長じさせるための道具と化すに違いない。

有無を知ることができないからといって上帝を信じないことにするとしたならばどうなるだろうか。たとえ一定不易の倫理綱常があったとしても、それは強固な基盤を欠く半信半疑なものにとどまるかぎり、欲や情によって攪乱され、深く心に刻んでおいたはずの倫理綱常も、たやすく破られてしまうだろう。そのとき、優れた資質の持ち主であっても、表面的には聖人のように振る舞うだけの極悪非道な者になり得る。それに対し、田舎の庶民が信仰対象である神や仏を形作った塑像・画影を信じる姿をどう捉えるべきだろうか。まったく馬鹿げた、あまりにも小さな「信」に過ぎないとして、笑うべきだろうか。しかし、彼らは、そのような信仰を通じて、人としての道を踏み外さずに生きることができているではないか。神を蔑ろにし、酒色や賭博に耽り、傍若無人な振る舞いをする者に比べれば、どちらが人間らしいと言えるだろうか。

このように、小民における「信」ある者と「信」無き者とを比べただけでも明らかなのだから、まして、賢哲において「信」ある者と「信」無き者とを比べれば、事はもっと明らかであろう。あらゆる徳、あらゆる行いは、すべて「信」から始まるということに賢愚の差はないが、賢哲における「信」は己を修めるだけではなく、人を治める道のもとにもなるものなのだから、その有無がもたらす差異は、おのずと大きなものになるのである。庶民たちの取るに足りない「信」を見れば、高位高官の（縉紳）先生たちは、何と愚かなことかと嘲弄するだろうが、自らを顧みればどうだろうか。利に耽り、栄華を羨み、嗜好に従い、権勢を貪ってばかりいないだろうか。美味しい食べ物にあふれ、美しい女性たちに囲まれるといった贅沢三昧ばかりを求めていないだろうか。高位高官の先生たちであっても「信」がなく基づくところがないのであれば、「信」を持った庶民に及ばない。たとえその「信」が取るに足りないちっぽけなものだとしても、である。

「信」を持たないそんな輩が、徳によって人を教え導き、文明を興そうとしたところで、うまくいくわけがない。世に徳が高いと目されている立派な大人・君子たちに、改めてこの惨状をどう思うかと迫れば、必ずや憤り、嘆き悲しむことだろう。しかし、彼ら自身の常日頃の有様はどうなのだろうか。もちろん、彼らは常日頃、口では尽忠報国、文明開化、利を興して害を除き、国を富まし兵を強くするなどと言っているに違いないし、その志は忠であり、大きなものでもあるのだろう。しかし、彼らの内面には大本（たいほん）になるものが立っておらず、自らが歩むべき道も明らかになってはいない。身を立てる大本という点で言えば、例の高位高官の先生たちと変わるところはなく、彼らは五百里にもわたる霧のなかにあると言わざるを得ないのである。才智・学術・勲功があって、功成り名を遂げても、やはり何もなすことなく無為に一生を終えるようなもので、死後に真価が定まってみれば、あれほど熱心に取り組んだ事業も、さしひきすれば田舎の庶民と大して違いはないのである。

だからこそ、「信」は衆徳の根元、百行の基本だと言うのである。己を修め人を治めるための基礎はまさに「信」にあり、自分自身と国が安らかに治まり幸福であるのも、「大信」が立てばこそのことなのである。

国家が安らかに治まることの基礎が立たず、人民が開化するための兆しがまだなく、外国から侮りを受ける状態がまだやまず、欠乏があって国が富んでいるとは言えず、人の性質も軽薄なまま、そんな現状があと数年続いたなら、どうなってしまうだろうか。悪い方向に勢いがついてしまったら、国家の独立はおぼつかないであろう。「天」と人との関係というものは、植木屋と草木との関係のようなものである。栽えたものには土をかけて育てるが、風雨で傾いてしまったならば掘り返して抜いてしまう必要がある。朽ちて腐った枝や根を、なお育てるということはないのである。植木屋たちは、土地が荒れて雑草が生い茂っていたら、古い植物はすべて刈り取って再び耕して、新しい種をまくのである。そうすれば美しい花が咲き、かぐわしい香りで満ちるであろう。「天」が人に対する際にも、同様だと考えるべきである。

国の興廃、存亡が問われるような状況にあるときには、ある種の預言が発せられていると捉えられることがある。たとえば、大地震や大洪水のような災害が発生した際、それがまさに、政権、社会に対して天が発した警告であるというように。そのような捉え方が可能な際にあってなお、その預言に従わず、悔い改めることもなかったとき、どうなっただろうか。ユダヤ人が祖国を失った事例のように、戒めとすべき前例がある。我々自身、顧みなくてはならない。

［1］　たとえば、現代人の多くは、宇宙のどこかには果てがあるなどとは思っておらず、宇宙は無限に広がっているものと考えている。しかし我々は、決してそのことを見たわけで

も経験したわけでもない。その意味では、西の言い方に即せば、「宇宙は無限である」という我々の「知識」は、実は「知識」の領域にあるのではなく、そう信じているだけという「信」領域に属する事柄だということになる。

［2］「理」は朱子学の重要概念である。朱子学においては、人が人であるのは、天が人に人の「理」を与えたからであるとか、桜の花が桜の花であるのは、梅の花という「理」ではなく、あくまでも桜の花という「理」を天から与えられたからであるというように、万物を万物たらしめている根源的な原因、理由のようなものとして「理」を捉える。人にも人の「理」が与えられており、だからこそ、人は人であり得ると考えられていた。しかし、人はしばしば与えられた「理」のとおりに生きるわけではないため、さまざまな逸脱や災厄が生じ得る。だからこそ、天が等しく人に与えたはずの人の「理」とは何かということを解明し、それに即した生き方をすることが求められた。それができれば、人は天の意思に即した完全に正しい生き方ができると考えられたのである。そのため、朱子学においては、「理」を明らかにするための学問、修養が求められた。中国のみならず、江戸時代の日本においてもかなりの影響力を発揮したこのような朱子学の態度は、しかし、西に言わせれば、あるかどうかを知り得るわけもない「理」という架空の概念を持ち出すことによって、知り得ない不可思議なこの世界の現象を理解したことにしているだけ、信じているだけということになる。つまり、朱子学者たちが無知蒙昧なものとして否定するような、木石虫獣を神の化身と思い込んで信仰する民間宗教の類と朱子学における「理」論は、「知らずして信じている」という点では、一切の相違がないというのである。

［3］当然、「理」や「上帝」を信じていた高明博識を自認する者たちであっても、それが間違いであると認識するようになれば、それを信じるのをやめるだろう、ということが含意

されている。

［4］昭和期になって重大な影響を日本社会にもたらしたマジックワードとして「國體」という語がある。万世一系の天皇によって統治される優れた国柄を表す概念として用いられた語だが、この語は、幕末明治前期までは「国家の体面」「国の体裁」というほどの意味で用いられていた。ここでの西の用法は、「国家の体面」という江戸時代において通用されていたものそのものというわけではないが、王政復古によって禁裏（天皇）を頂点にいただくという形式を採用することになった国家体制という程度の意味合いで用いられており、後の用法とは異なる。

［5］外形のみを問う法律に対し、それに加えてさらに内心における善までを問うのが宗教の基本だとする西の議論からすれば、最低限のことしか問わない法律よりも、宗教はさらに厳しく身を律することにつながる、ということになる。つまり、法律の枠外には宗教はなく、法律の枠のなかに、さらに小さな枠を作ってそのなかに存在しているのが宗教だというイメージで理解するとよい。信仰心を持つ者が、法律の範囲外に出ることはないとする西の想定は、そのような理解に基づいている。

［6］『明六雑誌』第六号に掲載された本論考の末尾には、「文中、天職は、けだし支那半開の文字にして、またよく代神政治(テヲカラシイ)に適す。おそらくは方今、文化開明の論に反せん」とする加藤弘之の評が掲げられている。西の議論そのものには異論はないとしながらも、「天職」という用語を用いたことに対する批判である。西は、「憲法草案」において、「行政権は天皇に在り」と述べており、君主を行政権の長として位置づけている。逆に言えば、天皇は立法権、司法権を持たず、行政権の長として、両権による制約を受けることが前提にされていた。このことを踏まえるならば、「政治の大権を有する」という文言は、国王を行政権の長として捉えるということを意味すると解釈することができる。「憲法草案」

の「編次大意」では、「天職」という語も用いられており、「君主たる者その権力固より無限なり。然れども一向に無限になれば遂にその天職に背く事無きこと能は」ざるため「近世始めて此有限君主政治を発明し以て天職に背く事無からしむ」るようになったと述べている（前掲『西周全集』第二巻、二三一頁）。ここでの「天職」は、決して「代神政治」を想起すべきようなものではなく、背くことなく忠実に遂行すべき役割というぐらいの意味の語として捉えられる。「教門論」のここの議論も、「天」や「天職」という語に引きずられることなく、行政権の長が行政権を持つということを「当然のこと」とする議論として読むべきである。加藤の批判は、西の議論の文意を明確にするためのアドバイスとして捉えれば、的確なものだったと言えるだろう。

［7］実際には連載の四回目だが、「五」となっており、以後、「四」を欠いたまま、「六」「七」となっている。内容的には、「三」と「五」は明らかに連続しているので、「四」とすべきところを「五」と誤記したという単純なミスと思われる。

［8］正しい「信」のあり方については、本書「復某氏書（某氏に復するの書）」でも論じられている。

［9］本書「人世三宝説」の注11参照。

［10］たとえば、万有引力の法則に違い、高所から天空に向けて飛び立とうとすれば、人は単に落下し死亡するだろう。高所から飛ぼうとすれば落ちてしまうという法則性（「天理」であり「神理」でもある）を理解し信じ、そのような災厄をこうむらないようにする。西が論じているのは、そのような趣旨のように思われる。

［11］『論語』為政篇の「子曰く、人として信無ければ、其の可知らざるなり。大車輗なく、小車軏無ければ、其れ何を以てこれを行らんや、と」を踏まえた表現。「輗軏」は牛・馬と車とをつなぐ部分のこと。「輗軏」がなければ、牛馬と連結できず車を動かすことができ

ないのと同じように、信がなければ、人は人とつながることができず、それゆえ何もできないとし、それだけ人には「信」が重要だと説いた。

〔12〕孫を甘やかす老婆の行為は、老婆自身は孫のためを思って行う行為であり「恵」だと言えるとしても、しかし、実際には決して孫のためにはならないということもあり得るだろう。その意味では、老婆の恵は、孫自身の成長という大恵を害することがあり得る。この一文は、そのような事例を想定してみれば、理解しやすいかもしれない。

〔13〕主君に対する忠と言えば、主君の命令に対する絶対服従を想定するかもしれない。しかし、そのような意味での忠は、主君が過ちを犯そうとしているときに、そのまま主君に過ちを犯させることになる。西が奴隷の忠と表現しているのは、そのような事態である。それは、戦の場面であれば、自軍の敗北と主君の死に直結するかもしれない。だとするならば、真に主君に忠であろうとすれば、主君に対してさえ、断乎として異議を申し立てることこそが、真の忠と言えないだろうか。戦国武士の間では、主君に対してさえ異論を述べる「諫争」という行為の重要性が説かれていた。

第6章

人世三宝説

解題

「人世三宝説」は、「功利主義」に基づいて展開された論考であり、『明六雑誌』に四回に渡って連載されたが、同誌廃刊に伴って未完に終わった。掲載されずに終わった五〜八までの原稿は残っている（全集のほか、岩波文庫版の『明六雑誌』に掲載されている）ものの、それが掲載を待つばかりの完成原稿だったのか未定稿だったのかは不明である。五以降は、四までと比べると論理や文体の乱れが目立つようにみえ、完成前の原稿のように思えるが確証はない。本書で現代語訳する対象は、『明六雑誌』に掲載された四までとした。

「功利主義」という語は、現在では、"utilitarianism" に対する訳語として定着しているが、当初からそうだったわけではない。「功利」という語自体は儒教においては否定的な意味合いを持ち、対象を批判する際に用いられることが多い語だったからである。"utilitarianism" に好意的な関心を持った西が、それを「功利主義」という語で認識することがなかったことには注意が必要である。西はそれを、「利学」や「ウチリタリアニズム」と表現していた。本書では、それを「功利主義」に統一して訳してあるが、以上の事実には留意しておいてほしい。

「功利」ほどではないとしても、「利」という語もまた、少なくとも要注意概念であった。儒教においては、肯定し追及すべき価値とされる「義」に対し、その対概念としての「利」は否定され克服すべきものとして捉えられる傾向があったからである。たとえば『論語』をはじめとする儒教の経典には、数多くの「利」批判の文言を見出すことができる。『論語』里仁篇では「利によりて行へば怨み多し」とされ、それゆえ「君子は義に喩り、小人は利に喩る」とも述べられている。『大学』では「国は利を以て利と為さず、義を以て利と為す」とされているし、『孟子』梁恵王上篇では、「叟、千里を遠しとせずして来る。亦将に以て吾国を利するあらんか」と述べる梁という国の恵王に対し、孟子は「苟も義を後にして利を先にすると為さば、奪はざれば饜かず」と述べ、「利」を求めることを批判し、「利」ではなく「義」を求めるべきであると説いている。

他方で、江戸時代の日本では、「仁義に基づいた利」や「義を追求した結果得られた意図せざるものとしての利」であれば肯定してもよいのではないかという議論が生じていた。さらには、国・天下の「利」であれば、それを意識的に求めることまでをも肯定するという主張もあった。「利」という概念が、善い「利」と悪い「利」とに腑分けして理解されるようになり、善い「利」ならば、それを意図的に求めることも否定されないどころか、むしろそれを追求することを推奨する言説が登場していたのである。もちろん、利批判の言説も依然として根強く展開され続けていたし、その方向性こそが主流であったが、“utilitarianism”を「功利」の学ではなく「利」の学として、そしてそれを肯定的に捉えた西の“utilitarianism”理解には、「利」をめぐる以上のような複雑な儒教思想の伝統が影響していたと思われる。

しかし、“utilitarianism”はその後、「功利主義」と訳されて捉えられるようになり、批判し克服すべき思想と見られるようになっていった。竹越与三郎によれば、“utilitarianism”の主唱者であるJ・S・ミルの存在感は「向ふ所殆ど敵なく、『最大衆民の最大幸福』『実利主義』等の文字は恰かも是れ一個の経典の如くして之に敵するは殆ど無神経の徒なるが如く思はれ、弟子ミルの名は、其師ベンタムの名よりも囂しかりき」[1]ものだったというが、ミルへの関心は明治十年前後から次第に薄れ始め、「実利主義」は批判対象に成り下がっていったという[2]。確かに、中江兆民は、『民約訳解』において〈本を論じ利と義との両方を論じる〉者としてJ・J・ルソーを高く評価する一方で、それと対比して〈末を論じ利のみを論じる〉者としてベンサムを批判しているし[3]、内村鑑三は「徳義」ではなく「利欲」ばかりが求められるようになった時代として当時の状況を批判的に捉えていた[4]。和辻哲郎は幕末明治期において果たした福澤諭吉の功績を認めつつも、その「功利主義」的な側面に関しては強く批判している[5]。“utilitarianism”に対しては、西のほか、福澤諭吉らも好意的な関心を抱いていたが、彼らの尽力にもかかわらず、“utilitarianism”に対する理解は、容易には広がらなかったと言えるだろう。

オランダ留学中（注6参照）にユトレヒト大学のオプゾーメル（注7参照）の著作を通じてJ・ベンサムやJ・S・ミルらの“utilitarianism”に触れた西は、明治十年にJ・S・ミルの『功利主義論』を『利学』という名で漢文訳し出版するなど、帰国後も“utilitarianism”に関心を持ち続けていた。本論は、“utilitarianism”の目的である「最大福祉」を追及するために不可欠の前提として、「健康（マメ）」、「知識（チエ）」、「富有（トミ）」という三宝を尊重することが重要だとする議論であり、西自身は独自の創案として論じている。

人世三宝説一（『明六雑誌』第三八号、明治八年六月十四日）

ヨーロッパ哲学（フイロソフイー）上の道徳論は、古代から展開されてきてさまざまな変化を経て今日に至っている。現在でもなおさまざまな議論が噴出し、一定の結論が出るなどといった状況にはない。なかでも、ケーニヒスベルグのカントの先験的純粋理性の説、フィヒテ、シェリング、ヘーゲルらの観念学などは、現在でも盛んに唱えられている。フランスのオーギュスト・コントによって実理学が唱えられて大きな注目を集めると、道徳についての考え方は一新され、哲学者たちはみな、実証に基づいて考えるようになってきた。そんななかで、ギリシャのエピクロスの流れを引き継いだものと思われるベンサムの功利主義（「利学の道徳論（ウチリタリアニズム）」）、そしてそれを発展させたジョン・スチュアート・ミルの議論は、近年における道徳論上の一大変革であった。十年ほど前に私がオランダに留学した際にも〔6〕、当時のオランダを代表する哲学者であったオプゾーメル〔7〕が、コント、フーリエ、そしてミルらを尊び、盛んに紹介していた。

功利主義という哲学は、人間が生きる目的のうちの最大のものを最大幸福の達成だと捉える。その議論が正しいと確言できるわけではないかもしれないが、大家によって確定されている議論であるから、その適否についてはここでは述べない。功利主義哲学そのものについては、ミルの『功利主義論』〔8〕を参照してほしい。

本論が論じたいのは、社会全体の幸福こそが人間にとっての最重要の目的だと捉えることを前提としたうえで、そこに到達するための方法である。これこそが、「人世三宝説」という本論の主題である。したがって、「三宝」それ自体は最も重要な目的ではなく、最も重要な目的である社会全体の幸福に到達するための方法として提示されるという点に注意して欲しい。その意味では、三宝は第二等の眼目ということもできるだろう。

本題に入る前に、次のことを確認しておきたい。第一に、この三宝説は浅学の私が考案したに過ぎないものであって、西洋の哲学者たちの説を紹介するというものではないということである。第二に、三宝を第二等の眼目とすることによって、社会全体の幸福に到達できるか否か、そしてまたすでに亡くなった哲学の大家たちを死後の世界から呼び戻してこの説を聞かせて見たときに肯定してもらえるかどうかについては保証できるわけではないということである。僭越ながら、分をわきまえずに議論してみて、明六社の諸先生方の批評を請いたいというまでのことである。

さて、ここで述べようとしていることの要点は、人の世に存在する三つの宝を大切にすることと自体が、まさに道徳的であることそのものであると捉えるということである。つまり、自分自身の身を修め人を治める「修己治人」のことを考える場合でも、この三宝を大切にせよということに尽きるということである。では、その三宝とは何かと言えば、「健康（マメ）」、「知識（チエ）」、「富有（トミ）」の三つである。「富有（トミ）」という文字は、あまり見慣れないものかもしれないが、当面、お金のことだと考えていただいても差し支えないだろう。金と富との違いという問題は経済学の分野に譲り、ここでは詳しくは触れないが、この道徳学においては、お金を「欲する（ホシカル）」ことをも道徳の一部分だと捉える。この三つのものを貴び求めることこそが、最大幸福を実現するための方法なのである。

温柔・敦厚・恭謙・損譲・寡欲・無欲などのような徳目こそを重視する一般の道徳論からすれば、これは違和感のある議論だろう。こんな議論を道徳学だと言って主張したならば、博打打ちとか人力車夫とかのための哲学だとして一笑に付されるだけかもしれない。天下に向かって盗みを教え、悪人を導く哲学だといった批判もあるだろう。

しかしもちろん、私が主張したいのはそんなことではない。三宝は、天が我々人類に与えてくれたものであって、最大幸福を実現するための基本なのだから、これを求め、全うすることは、当然のことだと私は考える。

キリストや釈迦、孔子の教えのような、来世における禍福などのことは度外に置くとして、この世で生きていくための道ということで言えば、キリストや釈迦、孔子でさえ、この三大目的から離れるなどということはあり得なかった。下賤な者たちも自然に三宝を求めてしまうのは、それが「人道」だからであり、愚かな人間でさえ知るべきことはここにあるのだ。孔子・孟子の学問は、三宝の重要性ということに明確に言及することこそなかったものの、三宝をほかにして、その道を行うというような学問ではなかった。それと比べ、老荘思想や、禅宗、隠者・仙人の類は、まさにこの三宝を捨て去って、別のものを求めようとする者たちであった。三宝説からすれば、それは異端邪説であり、人道に害を与える有害な発想である。

私は、この三宝をもって社会全体の最大幸福を達成するための三大綱領とし、これを求め、これを全うするという道が盛んになっていけば、社会が善美を極めるものになっていくだろうと主張したい。社会におけるあらゆることは、来世の禍福のほかはすべてこの三宝を尊重することに尽きるのであって、修身、斉家、治国、平天下ということに関しても、要するに三宝を全うするという以外にはあり得ないのである。

では、その概要を述べていこう。なぜ、健康が三宝のうちの一つに含められているのだろうか。それは、生物はみな、命あるものとして生まれてきたのであり、その生命を惜しまないことはないからである。これは観察できる事実である。つまり、健康を維持し、それによって生命を保全しようとするのは、生物として生まれつき持っている第一の性質なのである。

知識についてはどうだろうか。およそ生物はみな、他者との生存競争に勝とうとするものであり、これも観察できる事実である。つまり、これもまた生まれつき持っている性質だと言える。もちろん、人間は「道理を弁ずるの体(ラシヨナルビイング)」、つまり理性的存在であり、体力だけで競争する禽獣とは異なり、知力によって競争する（戦争においても、近年では、単純に体力の強さだけで勝つことはできず、むしろ知力の多寡によって勝敗が決せられるようになっている）。「個々人々(インヂヰヂユアル)」が、知力によって競争に勝とうとするならば、知識を磨いていく以外にはない。だから知識を博(ひろ)めようとすることは、人として当然のことである。これが第二の性質である。

最後に、最も論争になるであろう富有について考えてみよう。観察によっても明らかなように、生物である以上、外物を採取して利用しないものはなく、これまた生物として生まれつき持っている性質である。食料だけを求めれば足りる禽獣に対し、人間は衣食住すべてを必需とするうえ、さまざまな快楽も求める。だからこそ、禽獣以上にたくさんのさまざまなものを必要とし、さらには、それらを貯蓄し、流通させなければならなくなった以上、貨幣を必要とする。したがって富んで豊かになろうとすることは、人が生まれながらにして持つ第三の性質だと言える。

　これらはみな、個々人が日々、労を厭わず、怠らずに力を尽くし、求め続けるべきものであって、個人にとっての「躬行（conduct）」[9]の目的である。道徳の大本（たいほん）と言えば、この三宝を重んずることに勝るものはないのである。逆に言えば、もしもこの大本に反するならば、即座に禍が降りかかってくることになる[10]。これは、天然の法則、自然法則であり、個々人はそのような禍が訪れないよう、この法則をよく理解し、法則から外れないように自らの行動を慎まなければならない。たとえば、「物理上（フィシカル）」のことについては、誰がそれを軽視し得ようか。白刃を踏めば足が切れ、ヒ素を飲めば死ぬという法則は誰でも知っているので、誰もそんな馬鹿なことを試みようとはしない。ところが、人はしばしば「心理」上の分野では、あたかも、法則を意識しないか、法則どおりにならない場合もあり得るかのように思い、あなどることがある。しかし、心理上のことであっても、やはり法則は法則である。白刃を踏めば足が切れるのと同じように、法則に反すれば禍が降りかかってくる。三宝を軽視したならば、そのことに伴って禍が発生するということを理解しなければならない。従来の道徳論において言われてきた、恭敬、温厚、無欲、寡欲といった条規について言えば、実は、これに反する行為を行ったとしても即座に禍が起こるわけではない。それとは違い、三宝を軽視すれば、ただちにその報いが訪れる。だから、おそれ慎まなければならないのである。

では、三宝を軽視した際にどんな報いが訪れるのか、その点についてさらに考えてみよう。第一義である「健康」を蔑ろにしてしまったときには、どんな禍が訪れるのだろうか。健康を蔑ろにし、まるで節制するなどということをせずに勝手気ままに酒色にふけり、欲望のおもむくがままに過ごしていれば、まずは健康を害し、果ては生命を失うに至るというかたちで、その報いは必ず下されるだろう。健康を蔑ろにすれば、疾病という名の禍が訪れるのである。昔から、聖人・賢人が、くり返しくり返し健康の大切さを人々に教え、健康を害さないよう誡めてきたのは、そのためである。

第二義である「知恵」をおろそかにし、分からないことがあっても質問せず、学ぼうともせず、善い行為や善人を見ても真似しようともせず、何が正しいかについて聴いてもそれに倣うこともしない、強情で人に従わないことを信条とし、自暴自棄な生き方をするならば、やはりその報いが下される。このような人は、生涯、人が生きるうえでの本当の快楽が何なのか知ることができない。知恵をおろそかにするならば、「愚痴」（理非の区別のつかないおろかさ）という名の禍が訪れるのである。昔から、聖人・賢人が学を勧め、自ら謙虚に努めることで、人々を導こうとしてきたのはそのためである。

第三義である「富有」をおろそかにするということは、何をするにも怠け、苦労して働くことをせず、気ままに遊び楽しむばかりで一生を怠惰に過ごすことである。そんな生き方をすれば、やはり禍が訪れる。その禍のことを「貧乏」という。こんな生き方をしていれば、たとえ巨万の富があったとしても、短期間のうちに浪費し尽くし、饑餓状態にまで至るだろう。昔から、聖賢はこのことについても注意を促してきていた。儒教には、『論語』学而篇の「貧に安んず」といった教えがあるが、これは不義の富貴を貪ってはならないという意味であり、適切に労力を尽くして金を儲けるということを非としていたわけではないことには注意したい。

以上見てきたように、個々人は三宝を大切にし、蔑ろにすることがないようにしさえすれば、それ自体がすでに道徳の大本を立てたということなのであり、最大幸福の域に達することができる。品行の正しさとか、度量の広さなどといった、よくある道徳論上のことはすべて、この大本が立てられた後で考えるべき問題であろう。「独知(コンサイス)」[11]、つまり良心に基づいて戒め慎むとか、誠意を自らの信条とするとか、『論語』顔淵篇にある「己に克ち、礼に復らんと欲す」というようなことを目指すなどというのも、この大本が立ってはじめて可能になるものなのである。さらには、大本がまだ立っていないどころか、大本に反するような行為をすれば、禍は背後に迫っているのであって、疾病、愚痴、貧乏という三つの禍は、我々を後ろ手に縛り、逆さまにして引いていき、閻魔大王が審判を下す「閻羅の庁」という法廷に連れて行くだろう。したがって、我々は、この三つの窮鬼を避けるということをもって、道徳上の大本としなければならない。これこそが、個々人の「躬行」における重要ポイントである。道徳の基本が、このほかにあるわけではないのである。そしてまた、個々人が人と接するうえでも、これが要であり、人間同士が交際する場合であっても、人を治めるという場合であっても、その方法は、やはり三宝を貴重するということ以外にあるわけではないのである。このことについては、追って、さらに論じたい。恥ずかしながら、自分自身は、体が弱く、知識が狭く、家計も万全ではなくて、三宝に背いているのだが。

人世三宝説 二（『明六雑誌』第三九号、明治八年六月二十五日）

個々人の道徳上のことについてはすでに論じたので、次に、人間同士が関係し合う際の方法、つまり社会道徳、社交のあり方について論じたい。この場合においても、この功利主義哲学においては、自らの三宝を大切にし、そのあり方を他者と共有することに尽きる。具体的には、以下三つのルールに基づくことになる。

第一のルールは、「他人の健康を害することなかれ」である。そのうえで、もしも他人を手助けすることによってその人の健康を「進達（プロモート）」つまり増進させることができる場合には、そうしてもよい。第二のルールは、「他人の知識を害することなかれ」である（知識を害するというのは、人を欺いたり、人の発言を封じたりといったことであり、人を陥れようとして事実をねじ曲げた悪口を言ったり、無実の人に罪を着せたりすること、である）。そのうえで、もしも他人を手助けすることによってその人の知識を増進させることができる場合には、そうしてもよい。第三のルールは、「他人の富有を害することなかれ」である。そのうえで、もしも他人を手助けすることによってその人の富有を増進させることができる場合には、そうしてもよい。人間同士が関わり合う際にこの三大ルールが掲げられ、それが十分に守られているならば、それは言わば、仁義がともに全うされた状態だと言えるだろう。

これらの三大ルールについて、さらに具体的事例を挙げて論じてみたい。個々人が行動する際には、その行為が自分自身のみに関わるものであり、他人に関係しないものであるならば、自分自身の三宝を尊重するということだけでよい。その心のなかでは、自分と他人との区別など関係がない。しかし、他人と交際するときには、自他を区別することが必要になってくる。このとき、自分の心のなかでは一つであるものを、二つに分ける必要が生じてくるからである。それゆえ、この点において片方を重んじ、片方を軽んずるという問題が生じざるを得ない。自分自身のことこそを大事にし、他者を軽んずるということである。しかしそれは、行為においてはそうせざるを得ないというだけのことである。実際の行動に際しては自他の区別が生じざるを得ないけれども、心のなかでは他人の三宝を自分の三宝と同じように尊重するのである。だからこそ、昔の聖人は大いなる教訓を立てて、自他両者の三宝を重んじるよう誡めたのである。たとえば、〈あなた自身を愛するかのように隣人を愛しなさい〉というキリスト教の教えのほか、『論語』雍也篇にあるように、〈自分自身が到達したいと思う目標については他者をもそこに到達させる〉という孔子の言葉などを挙げることができる[12]。後世になって聖人が生じるとしても、このような言説の趣旨は変わり得ず、万世の至言と言えよう。とはいえ、こういった聖人たちの至言を実践するためには、どうしても順番というものが必要である。自分と他人との区別が存在するからである。たとえば、仁、忠を極めて、実によく人を愛する者がいたとしよう。道を歩いているときに一人の病人に出会ったこの人物が、これは何とかしてあげなければと思い、持ち歩いていた薬を取り出して病人の口のなかにいきなり突っ込んでしまうならば、病人はその人を狂人とするばかりか、さらには怒り、憎みすらするだろう。『論語』郷党篇によれば、孔子は、魯の国の家老である季康子から贈り物として薬をもらった際に、丁寧にお礼を述べて受け取りはしたものの、〈私はこの薬の種類や効能を知らないので飲まない〉と述べたという。心のうちでは同一だと思ったとしても、自分と他者の区別が存在する以上、実践する際には順番があるということなのである。このようなたとえから、自分の三宝を大切にするという場合と他者の三宝を大切にする場合とでは優先順位の違いがあるし、他者の意図を度外視して勝手なことをするわけにもいかないことが分かるだろう。

だからこそ、三大ルールの最初は、いずれも「他人の健康を害することなかれ」「他人の知識を害することなかれ」「他人の富有を害することなかれ」となっているのである。

これは「消極の三綱」と名づけることができる。〈してはならない〉ということが述べられているからである。他人の三宝には自制して関わらないようにすることが求められているのである。そのことが実現できた後のこととして、最後に、「進達すべくばこれを進達せよ」という一言が加えられている。こちらのほうは「積極の三綱」と名づけることができる。すべて〈……せよ〉という命令形になっているからである。他人の三宝に関与し、場合によっては手助けし、成就させることを許可する文言になっているからである。このことから、消極の三綱は、道徳から分かれて「法律の源」にもなり得るものであるのに対し、積極の三綱はあくまでも「道義（モラルオブリケーション）」に関わるものだと言えるだろう。

　このことについて、さらに詳しく論じてみたい。古今東西、これまでに、全世界の法律を総計すれば、いったい幾千万箇条の条文が制定されてきただろうか。東洋にあっては、唐の時代の法律である唐律が最初の整った法律としてできあがり、日本の大宝律、養老律も、それに基づいて制定された。さらに明の時代には明律、清の時代には清律があり、時代が下るに従って、さらに完備したものができてきた。西洋においては、ローマ法、ナポレオン法典、イギリス法があり、そのほかに、各国ともに相い似通った現行の法律がある。ユダヤ教における律法や、イスラム教におけるコーランのように、法律と宗教とが密接に関連しているようなものも枚挙するにいとまがないほどある。しかし、それだけ多くの法律がありながら、この世で人間が生きていくうえでのことに関係するかぎりで言えば、すべての法律に三宝を保護しようとする趣旨が共通して含まれている。他者の三宝追求を妨げたり、傷つけたりという行為は、法律の用語では、他人の健康や生命を害するものを「兇賊」と言い、他人の知識を害するものを「詐欺」と言う。富有のことは「所有」と言い、その所有を侵奪することを「窃盗」と言う。世の中で行われる「過悪」は種々様々であり、その種類を窮め尽くすことなどできないように見えるけれども、結局のところ、すべてはこの三宝を害する兇賊・詐欺・窃盗の変形、変体に過ぎない。そしてまた、兇賊・詐欺・窃盗は、先に述べた疾病・愚痴・貧乏の三禍鬼が形を変じ、その勢いを増したものであり、これを社会における三悪魔と名づけることができる。したがって、個々人の「躬行」においては、自分自身の三宝を大切にし、三禍鬼を避けようと努力し、三悪魔をしりぞけることが重要である。法律用語で言えば、我々には自分自身の三宝が保護される権利（ライト）があり、少しも他人の三宝を犯さないという義務（オブリケーシウン）を負っているということになる。

このように、権利と義務とが明確に設定され、それが犯されることがなければ、人間社会の根本ができあがったということになり、我々が道徳的に振る舞い得るための基礎も備わったということになる。しかしもちろん、それだけで善美を尽くしたというわけではない。善美を尽くすというのは、他者の三宝をも大切にして三禍鬼に陥ることがないようにすることである。自分のことのように他者を愛し、自分が到達しようとする目標に他者をも到達させることは、最高度の道徳の実現である。このような「徳」は、人の生まれつきの性質のなかに根ざした自然な感情から発するものである。人は誰もが、他者の身に疾病や死、愚痴、貧乏が降りかかろうとするのを見れば、哀れんで心にわだかまりを生じさせるではないか。人はみな、人類として同一体であるから、三宝に敵対する事柄については自分も他者もないことが、このことからも明らかであろう。他者の疾病を憫れみ、死者を弔い、愚かで惑っている者には教えてやり、貧乏で困っている者に施しを与えるといった徳行は、みな、ここから発するのである。これこそが、「積極の三綱」が教えるところであって、個々人が他者に接する道においては、これが最も大切である。とはいえ、積極の三綱にはすべて、「……進達すべくば」というように「ば」という字が挿入されており、「契約体（ハイポテチカル）」つまり仮定表現になっていることには注意しなければならない。これはまさに、自他の区別があることを前提とし、実践するにあたっての順序を明らかにするものである。時と場所とに応じた適切な行動が取れるようにするために、「……すべくば」としてあるのである。それゆえ、井戸に落ちて溺れそうな子どもをみかけたときに「あ、危ないっ」と思って、助けようとして体が動いてしまうような場面でも、まずは自らの安全を確保したうえでという順序を忘れてはならない。あたかも義務であるかのように考えて、自らの危険をも顧みないのは誤りである。「積極の三綱」の議論は、あくまでも道義の問題であって、先に論じた権利、義務の問題と混同してはならない。

　とはいえ、三宝を重んじるということも、人道の大本である道義を全うするための方法なのだから、三宝のルールが道義の下に属している。したがって、太陽の下では多くの星の輝きが見えなくなるのと同じように、三宝のうちの一つのために、そのほかの一つか二つかが犠牲になることによって道義が全うされるというようなことも、世の中の混乱期にはあり得る。たとえば、人々が苦労しながら苦難を克服しようとして道義が盛んになるような時代の大きな変革期には、「同生同人（フエルローキリアルチユール）」つまり同胞のために自らの死をも顧みずに道義を全うしようとする人々が現れることがある。それは、三宝のうちの二つを棄てて残りの一つを全うしようとする試みであり、三宝の上位にある道義が強く輝いたために下位にある三宝のうちのいずれかが圧倒されているという状態である。孔子もまた、『論語』衛霊公篇にあるように「身を殺し、もって仁を成す」、つまり〈志士、仁人と呼ばれる人たちは、日常生活のなかでは自己の生命を尊重していながらも仁を損なうことがないのだが、ときに仁をなすためにどうしても必要であるというような場面では、自らを犠牲にしてでも仁を実現させることがある〉と述べているし、イエス・キリストは自らその実例を示した。「道義というものは、なんと大きなものだろうか」と言われる所以（ゆえん）である。以上が、一人一人がそれぞれの三宝を大切にしたうえで、同胞と交際することについての要点である。

　同胞からの依託を受けて公人の立場にある者も、やはり三宝を大切にするということ以外には重要なことはないのだが、この点については、追って論じたい。

人世三宝説 三（『明六雑誌』第四〇号、明治八年九月五日）

自己一身に関わる道徳においても、そしてまた他者と交わる際の社会道徳においても、すべきことは三宝を貴重することに尽きるということについては、すでに前の二編で論じてきた。ここでは、「人を治むるの要道」もまた、三宝に関係するのかどうかについて論じていきたい。

「人を治むるの要道」というのは、君主と民とに分かれて国を立てて政治を行うための方法であり、いわゆる「政府（ガブァメント）」というものをつくって同胞の「福祉」（幸福）を堅固にし、長きにわたって安定させるための方法である。そのことを論じるためにも、ここで「人間社交（ソシアル）」の「生（ライフ）」、つまり社会的な営みについて述べておくべきだろう。「哲理の眼目（フィロソフィカル）」から見れば、「人間社交の生、相生養するの道」[13]、すなわち〈社会的な営み・相互扶助というあり方〉は、政府設立に先行する、人間にとって不可欠のものだからである。文明諸国においては、社会的な営み・相互扶助は、極めて盛んかつ広範になされており、あらゆる行いが社会領域でなされている。学芸が進むのも、国が富むのも、国が強くなるのも、国がよく治まるのも、あるいはまた国が乱れるのも、すべては社会次第という状況である。政府が特別にすべきことは何もなく、いわゆる政府なるものはただ上に立って眺めているだけ、すべてを社会のなすがままに委ねていて、それでいて泰平が訪れているというような状態になっていると言っても過言ではない。

そうであるのに、社会的な活動が盛んになされているのは、「政教」すなわち政治と教化とがよく行われていて文化が開けているから、さらにその根源的な要因を論じるならば、人間の内面には社会的心性が内在していること、人間の外形の性質という自然界の法則に基づいているということも指摘すべきであろう。したがって、猿から分かれて人として生まれた以上は社会生活を離れて生きることはできないということになる。アフリカの砂漠で暮らしている黒人であっても、アメリカの山中に住んでいる「赤種」（アメリカ先住民）であっても、外蒙古の遊牧民であっても、蝦夷（アイヌ民族）であっても、台湾の原住民族であっても、大小の差はあるにせよ、「為群の性（ソシアル）」つまり社会的性質に基づいて、一村落、一部落というものを形成していることに違いはない。ただし、野蛮の習俗においては、数里離れただけという場合でさえほかの部落を仇敵視して攻撃を加えたり、捕虜を奴隷として売買したり、殺害した敵の頭部を飾りにするといった卑しい習慣があったりもするが「わずか十数年前には、我が国だって、異国の船が近海に現れたら打ち払えとする法令があった」、それは、知識が小さく偏っているために社会的性質を十全に発揮させることができなかったということである。それに対し、文明国である西洋の哲学者たちの間では、地球全体を一つの社会として捉えようとするような議論もあり、両者には天と地ほどの差があると言えよう。しかしそれだけの違いがあるとは言っても、それは高い松の木と萌したばかりの双葉との違いであって、形質そのものの差ではなく、あくまでも量的な違いである。このように、社会というあり方は、人間が生きていくうえで離れることができないものであり、文化が開けていけば、いよいよ社会の範囲は広がり堅固なものになっていくということは、疑いようがない。

社会的活動を支える「情操（フィーリング）」と言えば、「カントの永遠平和と世界連邦は、いまのところは哲学者の夢想の類だということにしておけば」、その最も大きなものが、「国情（ナショナリチー）」であり、「国愛（パトリオチク）」（郷土愛）である。順境のときには国情と言い、逆境のときには国愛と言う。私は現在、故郷を離れ異郷に住み着いてから何年にもなるが、故郷に帰って、少年時代に見慣れた一本の松の樹を見さえすれば、喜びの感情、懐かしい思いがわき上がってくる。もちろんこれは、松の樹それ自体のためにわき上がってくる感情ではない。そうではなく、かつての郷土での社交、人と人とのつながりのなかで培われた思いに由来する感情が、松の樹に象徴されているのである。ましてや、朋友、古くからの知り合い、親戚らに会えば、松の樹どころではない、さら強い思いがあふれてくる。だから社会生活は、人間が生きていくうえで最も重要であり、少しも離れることができないものだと言える。だからこそ、社会生活においても、先の三宝を大切にする以上のことはないのである。三宝を大切にすることは、社会的な営み・相互扶助と一致するものであり、社会生活は、まさにこの三宝によって成り立つものだからである。

健康を維持したいと思うならば、衣食住に関わるあらゆる物品を欠くことはできないが、木の上やほら穴に住んでいたような原始的生活を離れて以来、衣食住に関わる物品のすべてを自分一人で調達することはできなくなった。だからこそ、分業というあり方、「社交」（社会的交流）ということが必要になってくる。生まれながらにしてあらゆる事柄に通じるということはあり得ないし、自分が用いる物品のすべてを自ら発明し生産するというわけにもいかない。そこで知識を得るために学問という道が起こらざるを得ず、そこで得られた知識を交換するために、「社交」が必要になってくる。自分の富有を量的に増やし、質的によいものにしたいと思っても、その一つ一つを自分で製造し、質量ともに満たすなどということはできない。そこで、専業というあり方も必要となってきて、それぞれの専業によって得られたものを交換することが必要となってくる。物品が多種多様になり、人々の需要が高まれば「社交」の範囲はさらに広くならざるを得ない。したがって、三宝を大切にするということは「社交」のための基礎であり、三宝を大切にする度合が高まれば「社交」はさらに広くさらに盛んになるのである。

小さなあばら家に住み、粗末な衣服を着て粗悪な飲食物のみで生活するというような野蛮なあり方は、ほかでもない、健康を重んじることができていないということである。文字どころか、意思疎通の方法すらないような時代は、知識を重んじることができていないということである。蓄積がなく、貨幣によって蓄積したものを分散させたり集合させたりする方法を持たないのは、富有を重んじることができていないということである。少なくとも、これらのものを重んじさえすれば「社交」の道は開けてくるのである。真に深く熱心にこれらのことを考えるならば「社交」はおのずと広くなるのである。

野蛮というものは、野蛮な境遇に甘んじ、生まれながらに授かった才能を無駄にすることに由来する。生涯病気をしたことがないという人でさえ、産まれる際に、産婆や産科医の手を借りなかったなどという者は少ないだろう。人は健康であろうとするからである。少し成長してくると、たとえ教育を受ける機会はなかったとしても、父祖伝来の家業、そのほかの業を習わないということはない。そんな経験すらないという場合でさえ、言語、動作は必ず誰かに習うだろう。知識を修めようとするからである。壮年に至れば、誰もが農業、牧畜、工業、貿易など、何らかの職業に従事し、その専業によって得られた収入で生活をする。富有を殖やそうとするからである。このように、幼少期から老年期に及ぶまで、三宝に基づく「社交」のなかでしか生きられないものなのである。

この道理に反し、三宝を軽々に扱い、持病を治さずに健康を害し、頑固に愚鈍なまま勉強せず、怠けて富有を失うならば「社交」から排除されることになる。廃人、乞食とは、このような人たちのことである。生まれつきの性質、あるいはやむを得ない運命によってそうなってしまうこともある。その場合は、本当に憫むべきものではあるが、三宝がおろそかにされ「社交」に加わることができないという点では同じである。逆に、肉体的な欠損がなく三宝を大切にすることができれば、能力における差があるとしても「社交」に加わることにまったく支障はない。たとえば、煙管(きせる)の竹製の柄の部分を交換する老人、紙屑を拾い集めて売る壮年の男、煮豆売りの若い女、肥料用の馬糞売りの子どもなどを賤しいと思い、国王が尊く、宰相・大臣、豪商・豪農が貴いと思う人は多いかもしれない。しかし「社交」上ということからみれば、両者ともに職業に従事することによって社会の一員として「社交」に貢献しているという一点においては、まったく相違はないのである。社会というものは、たとえて言えば、一つの大きな家のようなもので、君主・宰臣は、家を支える棟と梁のようなもので、下層の人民はそれを留める楔や釘のようなものである。それらの功用に違いはあるにしても、どちらも欠くわけにはいかないのである。あるいは、一つの数珠（じゅず）のようなものとも言える。数珠の一珠一珠を比較すれば、大小の差はあるかもしれないが、どの一珠も、全体を構成する一つであるということにおいては異なることがない。もしも一珠が欠けたならば、それがたった一珠であっても、全体がゆるくなってしまう。社会もまた同様であり、たった一人でも三宝をゆるがせにし毀損するというようなことがあれば、その禍はその人一人だけにではなく、社会全体に波及せざるを得ないと考えるべきである。社会においては、誰もがその一員としてその位置を占めており、各人の三宝の価値はみな同じで、軽重に差などはない。誰もがそれを尊重しなければならないのである。

以上のことから、三宝の「道徳学（モラリチー）」においては、社交上のルールとして二つの「元理（ガランプリンシカル）」を掲げることができる。第一に、「人間の三宝は貴賤上下の区別なしに尊重されなければならない」ということであり、第二に、「三宝を損なうことがないかぎりは、あらゆる人間の行いはまったくの自由だとしなければならない」ということである。これはキリスト教で言えば「エガリテイ、エ、リブルテイ」(égalité et liberté) つまり平等と自由という元理であり、東洋では釈迦が同様の説を説いていた。今日に至るまで、あまり知られていないことではあるけれども、この二大元理に基づかなければ、三宝の道徳学は成立し得ない。

このように述べるならば、人々の三宝はそれぞれにまったく同じく貴重であり、まったく差異がないのだろうかという疑問を持つ者がいることだろう。それに対しては、断乎として、まさにまったく異なることがないと答えよう。賢能・富貴が大切であるということにおいて、人同士の間にまったく差はないのかという疑問が生じるだろうが、三宝が貴重であるということ自体には一切の差異がない。だからこそ、賢能・富貴の人は重んじられるのである。個々人々の三宝が貴重であるということについては差異はないのだが、万物に「比重量」があるのと同じようにそこには等級差がある。もしもある物質の「比重量」に違いがあれば、どうして比較することなどができるだろうか。純金は純水よりも十九倍重いということが定まっているのは、差異がないこと、すなわち同一性に着目したものである。十銭の金が一銭の金よりも十倍重いというのは、同一のものがより多くあることによって生じる等級差に着目して言えることである。物質そのもの自体の比重量に差があるということになれば比較は成り立たないのだ。この純金の塊と別の純金の塊との間で比重量が違うなどということがあったならば、両者の比較はできなくなってしまう。同じように、人間においても、各人の三宝が貴重であるということ自体には差異がないからこそ、それをどれだけ大切にし養ってきたかによって、体力や知識、富有に差が生じる。そのようにして貴重さが増していき、同じ金でも十銭のほうが一銭よりも十倍の価値があるのと同じように、自然な等差が生じるのである。

古代エジプトやインドのように、カーストを設け、人間をあらかじめ何種類かに別つようなあり方は、本当はまったく同じ重みを持つにもかかわらず、勝手に重みの違いを決めつけて分類しているようなものである。身分制度のみならず、専制政府などによく見られる、家柄や出自を重んじる風習は、三宝の道徳学にあっては、必ずしりぞけなければならない。

人世三宝説 四（『明六雑誌』第四二号、明治八年十月十六日）

前篇においては、社交について論じ、それが生まれる理由と、それが成り立つ根拠が三宝にほかならないことを明らかにした。社交が成立すれば、当然、それを維持する「道理（プリンシプル）」が必要となる。そんな道理があるのであれば、それを明示するルールがなければならない。具体的な社交は、一村から、一県、一国、世界の一地方、最終的には世界全体に波及するものであり、小さなものから大きなものへと発展していくものであることは古今東西の歴史に明らかである。この問題については、ここでの本題ではないので、これ以上は述べない。

ここで論じたいのは、次第に拡大していく社会生活において、人々が自らに課すべき社交のルールのことである。前篇で論じたように、人と接する際のあり方というものは三宝を貴重する以外にはなく、社会生活がいかに拡大していこうとも同様である。それ以上のものが必要なわけではないにしても、社交を律するための一つの原理と、その原理を明記するルールを欠くわけにはいかない。

このルールは、「相反対（オポジーシウン）」する二つの「道理」を合わせて成立する。性質という点では「異質（ヘテロゼニウス）」なものを「同質（ホモゼニウス）」なものへと、力学という点では「抗敵力（アンタゴニスチック）」を「均同力（エクイビリウム）」へと、論理的に言えば、「本来反対（オッポシーシウンプロップル）」を「同一理」へと、それぞれ変化させることによって成り立つのである。たとえば、水と火、雪と炭という相反するもの同士を結合させるというようなことである。相反する二つの「道理」のうちの一つは、キリスト教の「法格（スキーム）」（私がオランダ留学中にプロテスタントの友人から聞いたことであり、基づくところを知らないため、キリスト教のうちのどの「派（セクト）」のものであるかはよく分からない）であり、man lives for others つまり、〈人は他人のために生きる〉という法格である〔14〕。もう一つは、自己の三宝を大切にしさらにそれを増大させよという三宝説の原理、つまり、一生懸命に自己の利を追求せよという原理である。前者の道理は他人のためにというものであり、後者はわがためにというものである。両者が水と火のように相容れないと言ったのはそういうことである。

　このことについては、西洋の事例を引くまでもなく、東洋の事例によって説明できる。すでに二千三百年前に、孟子が、楊子と墨子の法格について徹底的に論じた『孟子』尽心上篇の事例である。孟子によれば、楊子は、たとえ天下のためになるとしても自分の毛筋一本でさえ犠牲にしてはならないとする「為我」の立場に立ち、墨子は、全身全霊で他人のために尽くそうとする「兼愛」の立場に立っていたという。まさに、先の議論と同一の論題であり、楊・墨の二つの主張が相対立して道徳上における両極であったことがよく分かる。これを解決しようとすれば、「事実（ハクト）」と自己の「体験（エキスペリインス）」の両者を踏まえて、真理に合致するところを採用するしかない。

楊子の「為我」の説を中心にして事実に合わせて検証してみれば、自分のためになしていると言える行為がどれほどあるだろうかということが問題になる。飲食、衣服、居室というものはすべて、最低限のところを確保するという分には自己のためのものであろう。しかし、妻子と暮らす楽しみから、先々の子孫のことまで考えるならば、それは自分自身だけに関わるのではなく、他人のために行うものだと言わなければならない。社会が拡大していき、分業が行われるようになれば、農・工・商から始まってそのほかの産業に及ぶまで、あらゆる行為が他人のためのものになる。早朝から夜まで仕事を体験してみて、そのうちのどれほどが、完全に自分のためのものだと言えるだろうか。娯楽の類は、もちろん自分自身の楽しみのためになされるわけだが、しかし、詩人は、詩を書いた直後にそれを焼き捨てて、他人に見せないだろうか。音楽を好む人も、自宅での演奏だけで十分に楽しいだろうか。やはり、人に見せ、聞かせ、人が喜んでいる姿を見ることまで含めての娯楽なのではないだろうか。娯楽においてさえそうなのである。

まして職業のことを考えれば、人間のあらゆる行為は自己一身のために為されるという楊子の「為我」の説は誤りで、人は他人のために生きていると言えよう。

墨子の「兼愛」の説を、実際の経験に基づいて検証してみれば、他人のためにしていると言える行為がどれほどあるだろうか。寄付をしたり、誰かに金品を恵んだりすることもあるが、他人のためになることをするのは、自分の利益のためにすることである。自分の利益になることでないのに、誰が人のために苦労するだろうか。これは、自分自身のこととして誰もが体験していることだから、とくに証拠を挙げる必要もないだろう。苦労に堪え、将来を見据えて一生懸命励むことは、自分の利益のためではないとすれば、名声を得るために相違なく、いずれにせよ欲望に動かされた行為である。それを悪いことだと捉える必要はない。そのような自らの欲を満たそうとする行為が、他者のためにもなるならば、それは明らかによいことである。三宝説は、欲によって人が動くというメカニズムを阻害することなしに、各人の私利追求を奨励する。私利こそが三宝にほかならないのである。他者のためにということばかりを考える墨子の「兼愛」説は、人間が本来持っている性質をねじ曲げるものだと言える。

このように、楊・墨両極の説は相反し、氷炭相容れないものだから、社交において、その是非は道徳哲学上の難問だったように見える。しかし、異質のものを同質へと変化させ、対立を均衡へと変化させること、つまり、両者の議論を同質のものとして統一的に理解することは、実は難しいことではない。〈人々は「公益（パブリックインテレスト）」の実現を目的とすべし〉という社交上のルールを設けさえすればよいのである。この一句によって、「為我」、「兼愛」の両極が一致して、一つの公益に帰すのである。公益と言えば、墨子の説に加担したように誤解される可能性があるので、「公益」という字について、一つの「命題（プロポシーシウン）」を設けて説明してみよう。〈公益とは「私利（セルフインテレスト）」を合したもののことである〉という命題である。もっとハッキリと言うならば、〈公益とは私利の「総数（アグレゲート）」のことである〉ということである。

百戸五百人によって構成される一村落の社交を考えてみよう。もしも百戸五百人の人々すべてが、十分に満足できるほどに自らの私利を実現できていたならば、それはもう、公益が実現されたと言って差し支えない。この状態を、自らの私利のみに関心を持って朝から晩まで頑張って働いて、それによって自分の富有を増大させている楊子流の老農民のこととして考えてみよう。彼は、一生涯を尽くして増やし溜め込んだ富有を他人に分け与えるなどということを望まないだろうが、彼の死後には、残された富有は社会の全体のものになるのだから、彼の行為は他者のためにもなっている。他人のために何かをするということを好み、生涯一生懸命、他人に恩恵を施すことばかりに勉めた墨子流の一老姥のこととして考えてみよう。彼女は、公益の実現に貢献しつつ、みなから徳のある人だとみなされて慕われる。誰もがみな、彼女に恩を感じ、その恩に報いたいと思うだろう。とするならば、彼女の行為は、彼女自身の自己利益のためにもなっている。

楊子の説と墨子の説とは、相反する両極にあるようでいながら、三宝説における公益実現という一つに帰するのである。これを「格物学」(物理学)の用語を借りて、「両利人我の合極(ポラリエーシウン)」[15]と呼んでおこう。つまり、二つの利が自己と他者において合致するということである。二つの光がぶつかり合って闇となり、二つの音が響き合って静寂となり、二つの波がぶつかって平坦となるようなものである。つまり、社交の目的は公益であるということ、公益は私利の総数であり、そしてまた、私利とは、各人の身体健剛、知識開達、財貨充実の三つのことである、ということが理解できるだろう。私利というのは個々人について言い、公益というのは社会全体について言うものである。つまり、公益の実現というのも、三宝の実現ということにほかならないのである。もしも人が道徳的でありたいと思ったならば、自分自身の三宝を貴重するというところから始めるべきなのである。

［1］竹越与三郎『新日本史』中巻、一八九三年（『明治史論集Ｉ』〈明治文化全集、筑摩書房、一六三頁〉）。

［2］しかも、ここでのミルへの関心は、必ずしも「実利主義」への関心ではなく、中村正直によって訳述された『自由之理』の著者への関心であった側面が強く、明治十年以前においてさえ、"utilitarianism"がブームになっていたとは言いがたい。

［3］松本三之介他編『中江兆民全集』第一巻、岩波書店、一九八三年、九一頁。

［4］内村鑑三『内村鑑三全集』第四巻、岩波書店、一九八一年。

［5］安倍能成他編『和辻哲郎全集』第四巻、岩波書店、一九六二年、四八五頁。和辻は、「功利主義的個人主義が現代日本の建設のための強い動力」となってきたことを「現代の危険」として捉えている（同上、五〇〇頁）し、ベンサムの思想についても「利己主義的快楽説」として批判（同上、四九五頁）している。

［6］徳川政権は、後に開陽丸と呼ばれる軍艦の建造をオランダに依頼したことに伴い、その操縦技術などを学ぶため、文久二（一八六二）年にオランダに向けて使節団を派遣した。軍艦の造船や操縦を学ぶ榎本武揚らのほか、医学を学ぶ医者、「職方」と呼ばれた技術者、法学などを学ぶ西周と津田真道ら一五名からなる使節団であった。オランダ到着後、西周と津田真道は、ほかのメンバーとは別に、ライデンの地に住み、ライデン大学法学部のシモン・フィッセリング教授宅で、約二年間にわたって自然法学、国法学、国際法

学、経済学、統計学の個人指導を受けた。

[7] オプゾーメル（Corneris W. Opzoomer, 1821-1892）は、ユトレヒト大学教授の哲学者。西は、オランダ留学に先立って、哲学への関心を有していたが、指導教員となったフィッセリングは統計学、経済学が専門であり、西らに対する授業も、その二科目と、自然法、国法学、国際法という五科目で、哲学は含まれていなかった。西とオプゾーメルとの間に直接の接点があったかは分からないが、関心を持っていたことは間違いない。西が所蔵していた洋書の目録にはオプゾーメルの著作が四冊掲載されている。

[8] John Stuart Mill, *Utilitarianism*, 1861. のこと。西は、同書を『利学』の名で一八七七年に漢文で翻訳出版している。

[9] conduct の訳語として用いられているため「実践」というほどの意味として捉えることもできるが、「躬行」という語自体は、『論語』述而篇の「躬行君子」などを出典とする儒教用語である。この語を用いる西自身はもちろん、当時の読者の多くも、「躬行」と聞けば、即座にこの出典を想起するはずである。単なる実践ということではなく、能動的、主体的な意味合いを強く含んだ語であることに注意してほしい。

[10] 「禍」「天然の法則」「自然法則」と訳した語はそれぞれ、原文では「天殃」「天律」「天の理法」となっているが、ここにキリスト教における“god”や“heaven”の意味はない。「愚痴」「閻羅の庁」といった仏教に由来する語が用いられている部分に関しても同様で、宗教的なニュアンスを想起して理解する必要はないと思われる。現代においても、「天災」や「天気」という言葉を用いる際に、特別な宗教的背景を念頭に置いているわけではないのと同様である。ただし、「天殃」、「天律」に関しては、儒教における「天」そのものの意味で使われているわけではないものの、少なくともそれが念頭にあることは間違いない。その度合いをどのくらいのものとして認識するかという問題は、西の思想を理解

する際の重要ポイントと思われる。

[11] 「独知」という語自体は、あくまでも西自身が造語したconscienceの訳語である。「独知」に近い語としては、『大学章句』伝第六章などの「慎独」を挙げることができる。他人は気づいていないが自分だけは気づいているという領域においてさえ身を慎むという意味の語である。conscienceを「独知」と訳した際、西の念頭には、この「慎独」があったものと思われる。

[12] この部分は、『利学』(J・S・ミル『功利主義論』の西周による漢文訳)でも、直前の「もし博く民に施して、よく衆を済ふことあれば何如。仁と謂うべきか。子曰く、何ぞ仁を事とせん。必ずや聖か。堯舜もこれを病めり」から引用され、他者の三宝に配慮しなければならないのは聖人のみであり、そんな高度な要求は一般人には向けられないとする趣旨が論じられている。この議論をも加味して解釈するならば、「積極の三綱」は一般人向けのものではなく、「博く施し衆を済ふの権を有する者」(『利学』一八七七年、巻之上、三七丁裏)のみに課せられるような高度な課題として捉えられていたことがうかがえる。ただし、「人世三宝説」では、そこまでの強調はなされていない。

[13] 西洋におけるsocietyという概念を念頭に置きつつ、荻生徂徠『弁道』を踏まえた表現。ただし西はそれを「漢儒に於て此の如き道ある未た曾て説かさる」(大久保利謙(篇)『西周全集』第四巻、一六二頁)ものとして説明している。西が理解する「相生養するの道」は、君民の分もしくは君主の存在そのものがないという国家成立以前の時点ですでにあり得るものとして捉えている点で一般的な儒教の発想との相違があるように思われる。『百学連環』(同上、一二三九頁)に詳しい説明がある。

[14] 『旧約聖書』レビ記にある。

[15] 西自身が付したルビは、polarizationのことと思われるが、polarizationは通常、「分極」「対

立」などと訳される語である。

企画者あとがき

私は大学院修士課程修了後、二〇一六年四月から二〇一八年八月までの約二年半にわたって「地域おこし協力隊」として島根県津和野町役場に勤務し、西周顕彰事業という同地出身である西周に関する研究事業を立ち上げ、従事する機会に恵まれた（なお、西周顕彰事業の詳しい内容については、荒木優太編『在野研究ビギナーズ：勝手にはじめる研究生活』（明石書店、二〇一九年）に所収された拙論を参照していただきたい）。本書が出版されるにあたっての経緯については、菅原光先生が「はじめに」で説明してくださっているため、ここでは西周顕彰事業全体の概要とそこでの本書の位置づけを紹介し、蛇足ながら企画者として、本書の意義について一言添えさせていただきたい。

西周顕彰事業は、地方自治体とアカデミアがそれぞれ抱える課題をコラボレーションの好機と捉え、筆者が両者を結ぶ「媒介」や「翻訳者」となることで、地域側の需要を探り当てながら、大学研究者が自らの強みを発揮して地域社会に参与していただける仕組みづくりを目指して設計されたものである。その両者の課題とは以下のようなものであった。すなわち、一方で、津和野町は、地元が生んだ偉人である西周を住民啓発や観光、教育などの分野で活用したいと考えていたものの、資金難や専門知識をもつ人材が乏しいこともあり、有効な打開策を見つけられずにいた。他方で、近隣の島根県立大学は、「西周研究会」を組織し継続的な研究も行ってきたものの、全学的に地方創生に資する取り組みを進めていくなかで、研究・教育機関だからこそできる地域貢献の在り方を模索していた。また、分野としての西周研究にかんして言えば、研究のインフラとなる『西周全集』(全四巻、宗高書房)は半世紀以上前のものであり、古書価格が高騰していることもあって、新たに西周研究に着手するハードルが高くなっている上に、一般読者層の掘り起こしも難しい現状にあった。

こうした課題を解決すべく、「西周研究者の全国組織化とそれを中心とした出版事業」と「西周の仕事をより人口に膾炙させる企画事業」の二つを事業の柱に掲げ、推進してきた。出版事業にかんしては、島根県立大学を中心に、西周にかんする全国的な研究組織を新たに津和野で発足させることから着手した。こうした研究者組織を基盤にすることで、出版社の理解を得ることができ、西周の新全集と主要テクストの現代語訳の刊行に向けた作業に着手するに至った。その後、島根県立大学と津和野町との間で、「西周研究にかかる連携・協力に関する協定」を結んだことで、大学と自治体が資金を出し合って編纂作業を支援する体制を整えることができた。また、企画事業にかんしては、これまで手の届いていなかった都市部の若者向けのトークイベントや教養講座を行って、研究成果を市民に分かりやすく伝える機会を増やすとともに、若手研究者の支援を目的とした奨励賞である「西周賞」を新設して、次世代の研究者養成にも力を入れている。

それゆえ本書は、前者の出版事業における成果物であるが、それと同時に、市民が気軽に西周の文章に接する機会を作るものでもあり、企画事業においても重要な位置づけをもつものでもある。

私は光栄にも本書を最初の読者として手に取ることができたが、ともすれば晦渋で難解に感じられることもある西周の文章が、彼の息づかいや当時の迸る熱気を感じられる生きた言葉として甦っていることに驚いた。西周その人はまさに翻訳という営みによって、新たな時代を切り開かんとした俊英だったが、彼の言葉が現代の研究者による翻訳を介して再び瑞々しい姿で現れたことに感銘を覚えずにはいられなかった。私にとってこの読書体験は、言葉が生きものであることを端的に示すとともに、翻訳とは、時代の移り変わりとともに絶えず試み続けられねばならない過去との交渉であり、また未来への贈与でもあることを深く実感させる出来事となった。

確かに、西が活躍した時代から一五〇年あまりが経ち、彼の議論は一見したところ、現代の我々にとっては縁遠いものと映るかもしれない。例えば、「洋字を以て国語を書するの論」における国字をローマ字にすべきだという議論は、今からみれば突飛なものに思えるし、『百一新論』の「先生には平素より百教一致と言ふ説を御主張なさると承りましたが実に左様でござるか」といった文体が有していたはずの新鮮さを、我々がありありと感じることは難しい。

しかしながら、いま改めて自分たちの時代の言葉で西周を読むことには大きな意義があるだろう。西周が取り組んだ思想的課題や言語実践は、我々の知的な営みにおいて重要な役割を果たしている言語に対する真摯な格闘のドラマである。安易な欧化主義に陥ることなく、思考を展開するにあたって、どのような言語や文体が望ましいかを探求した彼の試行錯誤は、現代の我々にとっても決して無縁なものではないはずだ。かつて三木清は、原典至上主義に対して、翻訳の積極的意義を次のように述べた。「哲学者ライプニッツもその必要を大いに認めた翻訳といふものの意味は、外国語を知らない者にその思想を伝達することにつきるものではない。思想と言葉とが密接に結合しているものである限り、外国の思想は我が国語をもって表現されるとき、既にもはや単に外国の思想ではなくなっているのである。意味の転化が既にそこに行われている。このときおのずから外国の思想は単に外国の思想であることをやめて、我々のものとして発展することの出来る一般的な基礎が与えられるのである。翻訳の重要な意味はここにある」（「軽蔑された翻訳」）。三木はここで西洋語から日本語への翻訳を念頭に置いているけれど、明治期の日本語から現代語への翻訳にも同じことが言えるだろう。もちろん、テクストを読む際に、それが書かれた時代背景や当時の言葉遣いを踏まえることは重要である。本書は、時代状況を汲み取った解題と達意の翻訳のおかげで、西周が置かれていた当時の文脈を踏まえつつ、彼の思想がもつ現代的な意義やポテンシャルを今一度考え直すための貴重な材料を提供してくれると言える。

津和野町で働きはじめて間もなく、菅原先生の『西周の政治思想——規律・功利・信』（ぺりかん社、二〇〇九年）を拝読し、その鮮やかな筆致によって、それまでの思い込みがただされるとともに、西周へのさらなる関心をかき立てられた。それゆえ、事業を推進するにあたってぜひとも菅原先生にご協力いただきたいと思っていたところ、現代語訳を快諾していただけたのは僥倖であったとしか言いようがない。困難な作業に尽力していただいた訳者のみなさま、何の実績もない私の立案に価値を見出し、企画を育ててくださった編集者の飯田建さんと慶應義塾大学出版会の安井元規さん、その後飯田さんの跡を継ぎ、担当編集者として完成まで併走してくださった奥田詠二さんに改めて御礼申し上げたい。

本書を通じて、西周が現実と格闘しながら未来を切り開こうとした先人として広く認知され、なにより本書がそんな西周との時空を超えた対話の場となることを願っている。

二〇一九年七月　　石井　雅巳

〔著　者〕

西周（にし・あまね）

1829（文政12）年―1897（明治30）年。津和野藩御典医の家系に生まれる。幼名は経太郎。藩校養老館で学ぶも、洋学を志し脱藩。その後津田真道らとオランダへの留学を経て、徳川慶喜の側近になる。王政復古後、沼津兵学校の頭取を務めるが、新政府への出仕を命じられ、官僚として近代軍制の整備にあたった。他方で、福澤諭吉や森有礼らとともに明六社に参加し、思想家としても活躍。「哲学」をはじめとして、多くの学術用語を翻訳したことで知られる。東京学士会院会長、元老院議官、貴族院議員等を歴任。主な著作に『百一新論』、「人世三宝説」。訳書に『万国公法』、『利学』など。

〔訳　者〕

菅原　光（すがわら・ひかる）

専修大学法学部教授。東京大学大学院総合文化研究科博士課程修了。博士（学術）。専門は日本政治思想史。

相原耕作（あいはら・こうさく）

明治大学政治経済学部専任講師。東京都立大学大学院社会科学研究科政治学専攻博士課程単位取得満期退学。博士（政治学）。専門は日本政治思想史。

島田英明（しまだ・ひであき）

九州大学法学部准教授。東京大学大学院法学政治学研究科博士課程修了。博士（法学）。専門は日本政治思想史。

〔企画・構成〕

石井雅巳（いしい・まさみ）

慶應義塾大学大学院文学研究科後期博士課程。NPO法人bootopia副代表理事。2018年8月まで島根県津和野町役場 町長付（地域おこし協力隊）。専門は哲学。

西周　現代語訳セレクション

2019年9月14日　初版第1刷発行

著　者――――西周
訳　者――――菅原　光・相原耕作・島田英明
発行者――――依田俊之
発行所――――慶應義塾大学出版会株式会社
〒108-8346　東京都港区三田2-19-30
TEL　〔編集部〕03-3451-0931
〔営業部〕03-3451-3584〈ご注文〉
〔　〃　〕03-3451-6926
FAX　〔営業部〕03-3451-3122
振替　00190-8-155497
http://www.keio-up.co.jp/
造本設計―――大崎善治（SakiSaki）
装画――――――太田陽博
組版――――――トム・プライズ
印刷・製本――中央精版印刷株式会社
カバー印刷――株式会社太平印刷社

Printed in Japan ISBN 978-4-7664-2620-5